게리 채프먼의
하나님의 놀라운 은혜

Extraordinary Grace:
How the Unlikely Lineage of Jesus Reveals God's Amazing Love
by Gary Chapman & Chris Fabry

Copyright ⓒ 2013 by Gary Chapman and Chris Fabry
All rights reserved.

Korean Translation Copyright ⓒ 2015 by Haneul Christian Book House.
This translation is published by arrangement with Gary Chapman & Chris
Fabry through The Moody Bible Institute of Chicago, USA.

이 책의 한국어판 저작권은 저작권자와 독점 계약을 맺은 글샘출판사에 있습니다.
저작권법에 의해 국내에서 보호를 받는 저작물이므로 무단 전재와 복제를 금합니다.

게리 채프먼의
하나님의
놀라운
은혜

게리 채프먼 & 크리스 패브리 지음 | 이상훈 옮김

글샘

게리 채프먼의
하나님의 놀라운 은혜

초판 1쇄 발행 | 2015년 12월 10일
지은이 | 게리 채프먼 & 크리스 패브리
펴낸이 | 황성연
펴낸곳 | 글샘출판사
마케팅 | 이숙희 · 채중택
관리부 | 이은성 · 한승복
북디자인 | 크리에이티브마인드
교정 · 교열 | 김지홍 · 석윤숙
주소 | 서울시 중랑구 망우로 192 성신빌딩 지하 1층
등록번호 | 제8-0856호
ISBN 978-89-91358-44-7 (03230)

총판 | 하늘물류센터 **전화** | 031)947-7777 **팩스** | 0505-365-0691

Copyright © 2015, 글샘출판사

※ 정가는 뒷표지에 있습니다.
※ 잘못되거나 파손된 책은 구입하신 서점에서 교환하여 드립니다.

글샘은 가정사역을 위한 하늘기획의 또 다른 이름입니다

※ 이책에 인용된 성경본문은 개역개정판입니다.

은혜와 진리가 충만한 C. 도널드 콜과 나오미 콜에게
이 책을 바칩니다.

'은혜'는 식사 전에 잠깐 읊조리고 마는 기도 용어가 아니다.
그것은 삶의 방식이다.
— D. L. 무디

지금까지 나에게 평안을 가져다준 것은 '은혜'였다.
'은혜'는 나를 본향으로 인도한다.
— 존 뉴턴

목차

예수 그리스도에 대한 역사적 기록	10
저자 코멘트	14
서문	15

제1부 하나님의 은혜 받기　　26

제1장 은혜의 부르심에 귀 기울이는 사람 :: **아브람**	29
제2장 웃게 하시는 은혜를 받은 사람 :: **아브라함**	43
제3장 수치스런 길, 기생에게서 배우는 교훈 :: **라합**	62
제4장 속임수를 써서 은혜를 쟁취한 여인 :: **다말**	84

제2부 하나님의 은혜, 내 것으로 만들기 98

제5장 은혜의 적용, 시편 51편 :: **다윗** 101

제6장 욕망을 벗어나 은혜에

압도 당한 여인 :: **밧세바** 118

제7장 세상에서 가장 큰 질문에 대답한

한 남자 :: **솔로몬** 130

제3부 하나님의 은혜 나누기   146

제8장 마구간으로 오시는 은혜를
　　　 하마터면 놓칠 뻔한 사나이 :: **요셉**   149

제9장 육신을 입고 온 '은혜' :: **예수님**   166

부록 | 연구 문제   195
참고   223

아브라함과 다윗의 자손인 예수 그리스도에 대한 역사적 기록

아브라함과 다윗의 자손 예수 그리스도의 계보라

아브라함이 이삭을 낳고

이삭은 야곱을 낳고

야곱은 유다와 그의 형제들을 낳고

유다는 다말에게서 베레스와 세라를 낳고

베레스는 헤스론을 낳고

헤스론은 람을 낳고

람은 아미나답을 낳고

아미나답은 나손을 낳고

나손은 살몬을 낳고

살몬은 라합에게서 보아스를 낳고

보아스는 룻에게서 오벳을 낳고

오벳은 이새를 낳고

이새는 다윗 왕을 낳으니라

다윗은 우리야의 아내에게서 솔로몬을 낳고

솔로몬은 르호보암을 낳고

르호보암은 아비야를 낳고

아비야는 아사를 낳고

아사는 여호사밧을 낳고

여호사밧은 요람을 낳고

요람은 웃시야를 낳고

웃시야는 요담을 낳고

요담은 아하스를 낳고

아하스는 히스기야를 낳고

히스기야는 므낫세를 낳고

므낫세는 아몬을 낳고

아몬은 요시야를 낳고

바벨론으로 사로잡혀 갈 때에

요시야는 여고냐와 그의 형제들을 낳으니라

바벨론으로 사로잡혀 간 후에

여고냐는 스알디엘을 낳고

스알디엘은 스룹바벨을 낳고

스룹바벨은 아비훗을 낳고

아비훗은 엘리아김을 낳고

엘리아김은 아소르를 낳고

아소르는 사독을 낳고

사독은 아킴을 낳고

아킴은 엘리웃을 낳고

엘리웃은 엘르아살을 낳고

엘르아살은 맛단을 낳고

맛단은 야곱을 낳고

야곱은 마리아의 남편 요셉을 낳았으니

마리아에게서 그리스도라 칭하는 예수가 나시니라

저자 코멘트

여러분이 읽으려고 하는 이 이야기는
바로 성경에서 나온 것이다.
우리는 이 이야기를 원 출처에서 읽어보길 권한다.
이 책에서 우리는 이들 실제 인물들이 겪은
고통을 상상하면서, 새로운 시각으로 이 이야기를
바라보려고 노력했다.
그들은 우리처럼 잘못과 단점과 죄가 있었지만
승리하는 삶을 살았다.
하나님이 그들을 있는 그대로 사용하셨으니
우리도 그렇게 사용하실 것이다.

서문

 우리는 인생에서 많은 것을 선택할 수 있지만 족보(族譜)는 선택할 수 없다. 우리가 부모나 조상을 선택할 수 없기 때문이다. 우리가 선하든, 악하든, 혹은 그 중간이든, 태어난 대로 살 수밖에 없다. 그렇지만 예수님은 예외였다.

 이 사실을 잘 생각해보라. 예수님은 자신의 어머니, 아버지, 할머니, 할아버지를 선택할 수 있었던 역사상 유일한 존재였다. 그럼 그분은 누구를 선택했는가? 하나님께 순종하고 큰 믿음을 가진 사람? 항상 옳은 일만 한 죄 없고 완벽한 인물? 결코 그렇지 않다.

 여러분은 자신의 족보에 대해 알고 있는가? 여러분의 집에는 벽에 걸려있는 옛날 사진이나 빛바랜 오래된 사진 앨범들이 있을 것이다. 주름 잡힌 사진 속에는 가족이 함께 살아온 이야기와 전해 내려온 가족사가 함께 들어 있다. 거기에는 거짓도 있고, 진실도 있으며, 그것들이 뒤섞여 있기도 하다.

여러분은 사진 속 인물의 눈을 들여다보기도 하고 그들의 미소 속에서 자신의 일부를 발견하기도 하지만, 그렇다고 계보까지 파악할 수 있는 것은 아니다. 대부분의 사람들은 거기서 조상의 마음까지 읽어낼 수는 없는 것이다.

성경에는 예수님의 계보가 기록되어 있다. 그 계보에는 신앙의 도전이 심한 그 시대에 하나님을 알고, 따르려고 노력하던 영혼의 민낯들이 그대로 드러나 있다. 그런데 이런 이야기들이 흥미로운 것은 그것이 인간의 단점과 어리석음 그 이상을 이야기해주고 있기 때문이다. 바로 '하나님의 마음'을 기록하고 있는 것이다.

예수님의 족보는 자신의 백성을 향한 전능하신 하나님의

사랑과 자비하심과 인내를 보여준다. 그 사랑과 자비하심과 인내는 바로 여러분을 향한 것이다. 그래서 이 이야기는 다름 아닌 여러분을 위한 복된 소식이 된다.

- 하나님은 여러분에게 분노하시는 분이 아니다.
- 하나님은 여러분에게 그분의 사랑과 축복을 풍성하게 베풀어 주시기를 원하신다.
- 하나님은 여러분이 다른 사람들에게 그분의 은혜를 베풀어주기를 원하신다.

여러분은 이미 이러한 복음을 들어서 알고 있다. 은혜를 유명한 '아크로스틱'(Acrostic, 각 행의 머리글자나 끝 글자를 이어서 말을 만드는 언어유희 - 역자 주)으로 표현하면 다음과 같다.

은혜(Grace)

그리스도를 대가로 치루시고 우리에게 베풀어주신 하나님의 부요하심(God's Riches At Christ's Expense)

누구나 은혜에 대해 듣는다. 그렇다고 모두가 은혜를 이해하는 것은 아니며, 또 모두가 이를 받아들이는 것도 아니다. 오직 소수의 사람들만이 은혜를 이해하고 은혜를 베푸는 삶을 살아간다. 과연 여러분은 어떠한가?

이 책은 '위험한' 책이다. 충격적이고 마음을 흔들어 놓기 때문이다. 종교적 기득권자들은 교인들이 규칙을 지키길 원한다. 그래서 이 책에서 다루는 개념들은 종교적 기득권자들에게 위협적이다. 예수님 당시 이스라엘의 종교 지도자들이 예수님에게 위협을 느낀 것도 그 때문이다. 하지만 하나님은 여러분이 그분의 은혜를 받고 소유하며 베푸는 삶을 살기를 원하신다.

우리가 자신의 내면에서 벗어나 외부로 관심을 기울이도록 변화시키는 것은 하나의 '과정'이다. 우리는 하나님의 사랑을 받아들이고 체험한 후 우리의 가족과 친구들에게 매일 그 사랑을 베푸는 삶을 살도록 창조되었다. 심지어는 원수에게까지도 말이다.

이것은 지적 개념이나 혹은 단순히 영적 법칙이 아니다. 은혜는 신비주의적이거나 이해하기 어려운 어떤 개념이 아니다. 은혜는 강제적인 의무도 아니고, 그저 그러한 삶을 살았으면 좋겠다는 소망도 아니다. 그것은 자신의 중심으로부터 충만한 삶을 살도록 돕는 실제적이고 실천적인 '연습'이다.

자신이 마음 가장 깊은 곳에서부터 정말로 용서받았다는

것을 분명히 안다면 우리의 삶은 어떻게 변하겠는가? 그 사실을 진심으로 받아들이고 몹시 기뻐하며 환영하지 않을까? 다른 누군가가 그런 우리를 바라보며 감탄하고 놀란다면 어떻겠는가? 다른 누군가가 자신을 '완벽한 사람'으로 본다면 기분이 어떨 것 같은가? 다시 한 번 읽어보라.

'완벽한!'

완벽하다는 것은 결점이나 흠이나 결함이나 잘못된 동기나 죄가 없다는 뜻이다. 말 그대로 완벽한 것이다. 이 '완벽한 존재'가 바로 하나님이다. 그리고 그분은 그것을 현실로 완벽하게 만들어 주시기 위해 우리에게 은혜를 공급해 주시는 분이다.

물론, 예수님을 믿는 대부분의 신자들이 완벽한 삶을 사는 것은 아니다. 우리는 우리 자신이 완벽하지 않다는 것을 잘 알고 있다. 그렇기 때문에 우리는 두 주먹을 불끈 쥐고 하나님을 기쁘시게 하려고 하고, 자신의 힘으로 노력해서 완벽해지려고 한다.

하지만 아무리 대단한 의지를 발휘해도 우리는 하나님의 선에 가까스로 속할 수 있을 정도일 뿐이다. 그나마 그것도 아주 컨디션이 좋아야 반시간 정도밖에 지속되지 않는다.

그래서 우리는 패배한 삶을 살게 된다. 본래 선을 행할 능력이 없기 때문에 넘어질 수밖에 없는 것이다. 아마도 하나님은 하늘에서 팔짱을 낀 채로 머리를 가로 저으시며 우리를 내려다보실 것이다. 그러한 방법으로는 되지 않는다는 것을 이미 아시기 때문이다.

하나님의 요구와 우리의 능력 사이에는 아주 깊은 간격이 있다. 그리고 오직 한 분만이 그러한 간격을 메울 수 있다.

이 책의 메시지는 바로 이것이다. 더 놀랍고, 더 좋은 길이 있다는 것이다. 하나님의 사랑이 이미 낱낱이 드러났다. 예수님이 십자가를 지셨다. 대가가 치러진 것이다. 하나님께서 우리를 용서하셨다. 우리에게 새로운 자유의 길을 주셨다. 하나님의 자비는 우리를 죄와 수치에서 벗어나게 만든다. 우리의 어깨에 손을 얹고 함께 가면서 인도해주신다.

이 진리로 자신을 씻으라. 하나님은 놀랍고, 엄청나고, 특별한 은혜를 주시기 위해서 여러분을 선택하셨다. 나이 많은 노예 판매상이었던 존 뉴턴(John Newton, 1725~1807)은 하나님의 사랑을 요구할 자격이 없던 사람이었다. 그런데도 그는 하나님의 은혜를 "놀랍다"고 표현했다. 그 은혜는 상상할 수도 없고 우리의 한계를 뛰어넘는다. 사실 우리는 이 같은 대접을 받을 자격이 없다. 그러나 이것이 가능한 것은 바로 하나님의 은혜 때문이다.

이 책은 보통 사람들 가운데서 역사하는 하나님에 대한 연구이다. 이 책 속에서 우리는 집단적으로 역기능적인 집안을 보게 될 것이다. 아울러 예수님의 족보에 나타나는 7가지 주요 특징들을 서술할 것이다. 또한 실패하고, 넘어지고, 나쁜 선택을 선택했지만, 그럼에도 불구하고 하나님이 강하게 사용하신 7명의 사람들을 보게 될 것이다. 그들의 실패는 끝이 아니었다. 그들에 대한 하나님의 사랑은 그들의 과거 때문에 흔들리지 않았다. 그들의 죄가 그들의 운명을 좌지우지 하지 못했다.

우리도 마찬가지다. 우리가 무슨 일을 했든, 어디에 있었든, 어떤 나쁜 일이 있었든, 어떤 나쁜 일을 했든, 하나님의 은혜와 그분의 엄청난 사랑은 우리를 덮고 있다. 하나님이 '육신을 입으신 말씀'을 보낸 이유는 이 놀라운 은혜를 완벽하게 보여주시기 위한 것이다. 십자가는 모든 인간의 마음에 있는, 그 무엇으로도 채울 수 없는 필요와 하나님의 영원한 사랑이라는 두 축을 이어주고 있다. 역사는 두 개의 나무로 이루어진, 십자가에 못 박힌 우주의 창조자 때문에 전환점을 맞게 된다. 우리는 이 저주받은 신인(神人, God/man)에게서 하나님의 놀라운 은혜를 보게 되는 것이다.

> "아버지 저들을 사하여 주옵소서 자기들이 하는 것을 알지 못함이니이다."(눅 23:34)

당신은 오랫동안 예수님을 믿었지만 여전히 목적 없는 삶을 살고 있다고 느낄지도 모르겠다. 당신은 스스로 예수님에 대해 알고 있다고 생각하지만 여전히 '풍성한 삶'은 모르고 있다. 어쩌면 하나님이 정말로 살아계시는지조차 의심하고 있을 지도 모르겠다.

당신이 어디에 있든지, 어떠한 배경에 놓여 있든지, 이 책은 비교할 수 없고, 믿을 수 없는 하나님의 사랑에 대해 외치고 있다. 자신의 노력을 통해 하나님을 기쁘게 하려는 노력을 포기하는 사람은 누구나 예수님의 의를 받을 수 있다. 당신이 이 은혜를 받기만 하면 그 능력으로 충만한 삶을 살 수 있다. 용서의 우물을 퍼 올려서 다른 사람에게 베풀 수 있게 될 것이다.

그분의 말씀을 기꺼이 믿으라. 적극적으로 믿으라. 그러면 그분이 당신 안에서, 그리고 당신을 통해서 그분의 놀라운 은혜를 베푸시는 것을 보게 될 것이다.

제1부

하나님의
은혜 받기

은혜는 참으로 이해하기 힘든 신비이다.
은혜는 현재 우리가 있는 곳에서 만날 수 있을 뿐 아니라,
한 번 은혜를 경험한 사람은 변화되기 때문이다.

- 앤 라모트

제1장
은혜의 부르심에 귀 기울이는 사람

아브람

*아브람의 이야기*는 그가 태어나기도 전에 시작된다. 하나님은 이 땅에서 역사하고 계셨다. 하나님은 보이는 것과 보이지 않는 모든 것들을 창조하셨다. 최초의 남자와 여자를 만드셨고 그들이 불순종을 선택할 때도 지켜보고 계셨다. 그리고 동물 가죽으로 옷을 만들어서 그들을 덮어 주셨다. 하지만 이들은 자신들의 선택의 결과로 하나님 앞에서 쫓겨나야만 했다.

사람들이 하나님의 계획에서 멀리 떠나가자 하나님은 노아에게 방주를 지으라고 말씀하셨다. 그 방주는 노아와 그의 가족의 구원을 위한 것이었다. 방주에 타지 못한 사람들은 멸망했고 방주에 탄 사람들은 살았다. 그렇게 살아남은 사람들에게서 태어난 후손과 동물들이 땅 위에 널리 퍼졌다. 그런데도 사람들은 하나님으로부터 멀리 떠났다. 그들은 하나님이 아닌 자기 자신을 믿었고 자신의 능력을 과시할 수 있는 탑 하나를 건설했다. 그러자 하나님은 그들의 언어를 혼잡하게 하셨고 흩어 버리셨다.

하나님은 바로 그 시점에 이 흩어진 사람들 중의 한 사람에게 분명한 말씀을 주기 시작하셨다. 하나님은 아브람이라고 불리는 남자의 마음에 놀라운 말씀과 믿을 수 없을 만큼 놀라운 약속들을 채워주셨다.

아브람은 믿음을 선택했다. 하나님은 아브람에게 그를 축복하실 것이며, 그의 이름을 위대하게 만드실 것이며, 그의 자손을 통해 온 세상을 축복하실 것이라고 약속하셨다. 아브람은 그저 믿기만 하면 되었다. 믿음을 따라 행동한다는 것은 친척과 고국을 떠나 하나님께서 알려주실 땅으로 가는 것이었다. 그리고 믿는다면 떠나서 하나님의 약속을 취해야 했다.

아브람은 짐을 싸서 자기가 알고 있던 모든 것으로부터 떠났다. 하나님의 약속 때문이었다. 이것이 바로 아브람이 취한 첫 번째 단계였다. 이것이 바로 은혜의 부르심이다.[1]

수천 마일의 여행도 한 걸음부터이다. 은혜의 여정에서도 부르심이야말로 그 시작이다. 은혜가 당신을 부르고 있다. 황량한 경관을 가로 질러 달리고 있는 기차의 기적 소리 같이 이 말이 당신에게는 아득한 이야기처럼 들릴 수도 있을 것이다. 그렇지만 은혜는 모든 사람의 가슴속에서 소리치고 있다.

우리가 이야기하고 있는 이 은혜는 우리를 실망시키지 않을 것이다. 존 뉴턴의 글을 보면 "은혜가 우리를 본향으로 인도할 것"이라는 말이 있다. 이 속삭임에 귀를 기울이는 것은 당신의 책임이다. 귀 기울여 들으려고 하는 마음이 있어야 한다. 그렇게 하면 우리는 옛 사람인 아브람이 아니라 새 사람인 아브라함을 만나게 될 것이다.

여기 은혜의 부르심에 응답하는 한 사람을 소개한다. 창세기 11장에서 15장까지의 내용을 요약해보면, 아브라함의 여정과, 하나님이 말씀해주신 언약과, 그가 하나님께 한 약속이 오늘 우리에게 어떤 영향을 미치고 있는지를 말해준다. 아브람은 그의 아버지인 데라와 함께 이주하여 우르 광야에 정착했다. 그들은 멋진 삶을 개척했다. 아브람은 사래라 불리는 여자와 결혼했다. 미인을 얻는 '대박'을 터트린 것이다. 이것은 축복이자 저주였다. 아브람은 사래가 너무 아름다워서 몇 가지 나쁜 선택을 하기도 했다. 그러나 그것은 사실 그녀의 아름다움 때문이었기 보다는 아브람 자신이 가진 두려움 때문이었다.

데라가 죽은 후 하나님은 아브람에게 말씀하셨다. 여기서 잠깐 멈추고 생각해보라. 전능자께서 직접 말씀해주시다니? 당신도 그런 것을 꿈꾸어 본 적 있는가? "하나님의 음성이 들리기만 한다면 무슨 일을 못하겠어?" 라고 말해본 적 있는가?

만약 구름 속에서 하나님의 음성이 들린다면 당신은 바로 그 말에 순종하겠는가? 과연 즉시 순종할까, 아니면 의심할까? 정말 하나님이실까? 당신은 자신이 혹시 꿈을 꾸고 있는 것은 아닌지 의심하거나 혹은 아마도 어제 저녁 식사 때 먹은 매콤한 살사(salsa : 매콤한 맛을 내는 소스. 살사는 에스파냐어로 소스라는 뜻이다. 멕시코 전통음식인 토르티야 요리에 빠지지 않고 들어가는 매콤한 소스이다. -역자 주)의 영향이 아닌지 의심할지도 모른다.

"한 번 더 말씀해 주시겠어요? 녹음기 가져 올게요."

여기에 진실이 있다. 당신에게는 구름 속에서 들리는 육중한 목소리가 필요하지 않다. 하나님은 이미 말씀하셨다. 우리가 듣기를 원하는 방식이 아니라 육신을 입으신 그분의 말씀을 통하여, 성경을 통하여, 수 세기에 걸쳐서 신자들의 삶을 통해 이미 말씀하셨다.

우리가 던져야 할 질문은 하나님의 음성이 들리느냐 아니냐가 아니다. 그분은 말씀하신다. 문제는 당신이 정말 듣고자 하느냐 아니냐이다. 정말 귀 기울여 들을 마음이 있는가? 아브람은 들으려고 노력했다. 하나님은 이렇게 말씀하셨다.

> "여호와께서 아브람에게 이르시되 너는 너의 고향과 친척과 아버지의 집을 떠나 내가 네게 보여 줄 땅으로 가라."(창 12:1)

이것은 매우 직설적인 명령이다. 익숙한 모든 것, 같은 말을 쓰는 동족과 풍습, 자녀 양육을 도와주겠다고 말하는 친척까지도 모두 떠나라는 것이다. 그냥 짐을 싸서 떠나라는 것이다. 당신의 미래, 가족, 운명, 삶, 우리가 아는 모든 것을 다 하나님의 손에 맡기라는 것이다.

나는 지금 당신이 어디로 가고 있는지를 말해 주려고 하는 것이 아니다. 당신은 구체적인 목적지를 알지 못한다. 그곳은 아름다운 장소일 수도 있고 사막일 수도 있다. 그런데 당신에게 반드시 필요한 것이 하나 있다. 그것은 하나님을 신뢰하라는 것이다.

당신에게는 최종 목적지를 찍은 사진엽서 같은 것이 없을 것이다. 하지만 당신이 어디로 가든 그 가는 곳마다 하나님이 함께 하실 것이다. 그리고 이 떠남의 과정은 당신의 내면에 변화를 가져 올 것이다. 당신은 물건이나 목적, 감정이나 심지어는 하나님의 뜻을 아는 지식도 아닌, 하나님 그 자체를 사랑하게 될 것이다. 이러한 과정은 감추어진 행간을 찾거나 비밀 메시지를 해독하기 위해 매 15번째 문자를 세어보는 것 따위의 일이 아니다. "나는 너희가 스스로의 거룩함에 의지하거나 손으로 만든 우상이나 마음에서 만들어 낸 대상을 신뢰하는 것을 원하지 않는다. 너는 나 외에 다른 것을 원해서는 안 된다." 바로 이것이 믿음이다. 하나님을 신뢰하는 사람들은 놀라운 은혜를 받게 될 것이다.

이 시점에서 아브람이 하나님의 음성에 보인 반응은 이 이야기에 나와 있지 않다. 우리는 그가 이 대화에서 약간 충격을 받았으리라 짐작할 수 있다. 왜냐하면 구절마다 천사나 하나님의 말씀에 땅에 엎드리어 엄청나게 두려워하며 떨고 있는 아브람의 모습이 나타나 있기 때문이다. 사실 이것은 두려운 일이다.

그런데 이것이 하늘에서 들려온 마지막 음성이 아니었다. 하나님은 두 번째로 못 다한 나머지 이야기를 말씀하셨다. 이것은 정말 멋진 말씀이었다.

> "내가 너로 큰 민족을 이루고 네게 복을 주어 네 이름을 창대하게 하리니 너는 복이 될지라. 너를 축복하는 자에게는 내가 복을 내리고 너를 저주하는 자에게는 내가 저주하리니 땅의 모든 족속이 너로 말미암아 복을 얻을 것

이라 하신지라."(창 12:2-3)

와! 이 말씀을 자세히 살펴보자.

'너는 지금 당장 떠나야 한다. 나는 너를 내가 선택한 땅으로 인도할 것이다. 그리고 이러한 과정을 통해 너의 안에서, 너를 통하여 놀라운 일을 할 것이다. 너는 복을 받고 다른 사람을 축복할 것이다.(너의 삶과 너를 좇는 후손들의 삶이 너의 순종으로 인하여 엄청나게 달라질 것이다.) 너를 방해하는 것은 곧 나를 방해하는 것이다. 다른 말로 하면 아브람, 나는 너와 함께 있다. 너와 나는 한 팀이다. 나 야훼는 여호와이다. 이 일을 행하는 사람은 바로 나다. 너는 내게 순종하라. 나를 따르라. 그것이 이 계획에서 너의 할 일이다.'

깊은 심호흡을 한 번 하고 이 말씀을 들어보라. 당신은 이 말 전체의 의미를 이해했는가? 솔직히 말해서 좀 질투가 난다.(하나님으로부터 직접 이런 말을 듣는다는 게 얼마나 놀라운 일인지에 대해 계속 생각하게 된다.) 하나님께서 아브람을 직접 인도해 주시고 있고, 그에게 무엇을 해야 하고, 어디로 가야 하는지 말씀해주신다. 그리고 이 이야기의 결론부에 이르면 아브람과 그를 좇는 사람들이 엄청난 복을 받게 될 것이라는 것까지 말씀해주신다. 수천 년이 지나 하나님의 말씀이 정확했다는 사실이 밝혀졌다. 이 사람은 풍성하고 놀라운 복을 받았다.

여기서 잠깐 이 이야기의 이면에 있는, 즉 하나님의 약속과 축복 이면에 깔려 있는 사실에 대해 생각해보자. 왜, 왜 아브람인가? 왜 하나님은 이러한 특권을 그에게 주셨을까? 왜 아브람과 그의 모든 후손들을 축복하셨을까? 하나님은 왜 이 사람을 특별하게 대하실까? 당신은 그가 어떠한 사람이라고 알고 있는가? 시편 8편에 보면 아브람의 후손이 그 질문에 대답하고 있다.

아브람은 하나님이 보시기에 완벽한 순종을 한, 특별한 사람이 아니었다. 오히려 그렇지 못한 사람이었다. 그는 실수를 저질렀다. 그것도 많은 실수를 저질렀다. 그는 결점이 있었고, 실수하는 사람이었다. 그래서 주일학교 교사들이 아이들에게 정직한 사람으로 예를 들 만한 인물이 아니었다. 사실 예수님의 조상들은 모두 비슷했다. 그들의 삶에는 많은 문제가 있었다.

하나님은 아브람이 부유하고 많은 가축들이 있어서 그를 선택하셨을까? 아니다. 그분은 만물의 주인이시다. 그분에게는 아브람의 부나 아름다운 아내가 필요하지 않았다. 하나님이 아브람에게서 찾은 유일한 재능은 바로 당신에게 원하는 것과 같은 재능이다. 바로 '유용성'(availability)이다. 당신이 만일 순종하지 않는 사람이라면 하나님은 돌이나 당나귀들을 사용하실 것이다.

하나님은 왜 아브람을 선택하셨을까? 이 질문에 대한 해답은 바로 하나님의 신비한 은혜에서 발견할 수 있다. 아무 공로도 없고, 받을 자격도 없는 사람에게 주어지는 한없는 특혜가 이 사람에게 쏟아 부어졌다. 놀라운 은혜인 것이다.

기특하게도 아브람은 순종해서 짐을 쌌고 75세에 하나님의 음성을 듣는 여정을 시작했다. 그는 귀 기울여 들었고 순종했다. 믿으니까 순종했고 그의 믿음은 인정을 받았다.

이러한 아브람에게도 갈등이 있었을까? 자신의 재산을 정리하고('마당 세일'을 생각해보라! 마당 세일 [yard sale : 미국에서 개인 주택의 마당에서 사용하던 물건을 파는 것 -역자 주]) 뒤에 남은 사람들에게 작별인사를 할 때조차도 여전히 의문이 있었을 거라고 생각하는가? 밤에 사래와 함께 장막에 있었을 때 이 문제를 두고 논쟁을 했을까?

"아브람 한 번 더 생각해보고 말해주세요. 당신은 하나님이 하신 그 말씀에 대한 확신이 있나요?"

아마도 사래는 멀리서 그 메시지를 들었을 것이다. 그녀는 아브람을 매우 신뢰했기 때문에 단순하게 돌아서서 의심하지 않고 짐을 싸기 시작했을 것이다.

은혜의 부르심을 들을 때 당신은 결정을 해야 한다. 순종할 것인가, 아니면 그대로 있을 것인가?(망설임 자체가 하나의 결정이다.) 그러나 이 같은 고민은 오히려 더 많은 고민을 낳으며, 하나님의 말씀을 듣기 이전보다 고민이 더 많아지게 된다. 하나님의 은혜의 말씀이 우리의 삶을 더 복잡하게 만든다는 사실이 납득이 잘 되지 않을 수도 있다. 하나님의 음성을 들으면 문제가 더 쉬워져야 하는 것 아닌가? 이제 당신은 자신이 무엇을 해야 하는지 알고 있다. 아브람도 어떻게 해야 하는지 알았다. 하나님의 음성은 급진적인 부르심이다. 이제 당신은 자신과 사랑하는 사람들, 소유를 어떻게 해야 할지를 두고 고민하게 될 것이다.

예수님을 따르는 사람들도 동일한 경험을 했다. 예수님은 많은 질문을 던지셨다. 왜냐하면 그분의 부르심은 피상적이지 않고 심층적인 것이었기 때문이다. 그분은 단순히 그 시대의 종교 지도자들처럼 일련의 규칙과 규정을 지키길 원한 것이 아니었다. 그분은 매일 큐티하고 주일 예배에 참석하는 것만을 원하신 것이 아니었다. 자신을 따르는 사람들이 좀 더 나아지기를 원하신 것도 아니었다. 그분은 은혜의 여정, 즉 아브람이 하나님의 음성을 듣는 것을 통해 배운 것과 동일한 방식의 여정을 통해서 그들을 변혁시키길(transform) 원하셨다.

은혜의 부르심을 따르는 것은 믿음의 양성소에 있는 것과 같다. 위와 같은 질문을 던지는 것은 긍정적인 현상이다. 왜냐하면 의문이 있는 사람들은 자기 자신보다는 하나님의 능력과 인도하심을 신뢰하는 법을 배우게 되기 때문이다.

> "너는 마음을 다하여 여호와를 신뢰하고 네 명철을 의지하지 말라. 너는 범사에 그를 인정하라. 그리하면 네 길을 지도하시리라."(잠 3:5-6)

아브람은 잠언의 말씀대로 살았다. 아브람은 이 말씀을 실천했다. 그의 후손들은 예수님의 가계에 속한 사람들이며, 은혜 때문에 하나님께 쓰임 받았던 또 다른 결점 있는 사람들이다. 은혜가 당신을 근본적으로 변화시킬 것이다. 은혜가 당신의 마음을 움직일 것이다. 은혜 때문에 당신의 마음이 하나님께로 향하기 때문에 이제는 승합차 비용 따위에는 관심이 없어질 것이다.

사실 어떠한 물건은 남겨놓고 싶을 것이다. 그 물건을 버리는 것이 마음에 걸리기 때문이다. 은혜는 자유로운 삶을 만끽하게 해주며 결코 상상할 수 없는 삶의 비전을 만들어준다. 은혜는 당신을 변화시킨다. 은혜는 다른 사람에게도 은혜를 베풀 수 있는 능력과 힘을 주는 거룩한 수혈이다. 왜냐하면 당신은 자신이 갖고 있는 것만을 남에게 줄 수 있기 때문이다.

아브람은 들었다. 응답했다. 믿었다. 물론 온전한 것은 아니었다. 자신의 마음대로 하고 싶은 욕구가 없었던 것은 아니었지만, 그것에 대한 언급은 뒤에 하기로 하자. 자, 당신은 이 은혜를 받을 준비가 되어 있는가? 부분적인 개조가 아니라 혁신적인 변화를 원하는가? 그렇다면 당신의 삶에서 속삭이는 은혜의 목소리에 귀 기울여보라. 이제 수천 마일에 이르는 마음 여행을 같이 떠나보자.

제2장

웃게 하시는 은혜를 받은 사람
아브라함

아브람은 은혜의 부르심을 듣고 믿었다. 그리고 행동으로 옮겼다. 그는 가족과 모든 소유를 가지고 가나안으로 갔다. 물론 의구심은 있었다. 그는 "정말 거기로 가야합니까?"라는 질문을 마음속으로 계속 던지고 있었다.

하나님은 모레 상수리나무에서 그 약속을 다시 한 번 확인해주셨다. "너의 후손이 이 땅을 유업으로 받을 것이다." 그렇지만 아브람은 계속해서 의문을 품고 있었다. 가나안에 기근

이 발생하자 아브람은 애굽으로 이주했다. 애굽에서 그는 아내의 아름다움 때문에 두려움에 빠졌다. 그는 애굽 사람들에게 아내를 누이라고 속였다. 사람들이 사래를 바로의 궁으로 데려가자 하나님은 그 궁에 전염병을 보내셨다.

바로는 아브람을 만나서 왜 사실을 말하지 않았는지 물었다. 이를 통해 아브람은 아내에 대해 거짓말해서는 안 되겠다는 교훈을 배웠을 것이다. 그렇다. 두렵다고 상황을 통제하려고 해서는 안 된다. 하나님이 당신을 돌보시기 때문이다.

그럼에도 불구하고 아브람은 여전히 변하지 않았다. 아브람의 부와 소유는 늘어났지만 여전히 상속자나 약속의 자녀는 없었다. 몇 년 후, 하나님이 후손에 대한 약속을 잊어버린 것 같다고 느낀 아브람은 하나님께 약속이 이루어지지 않고 있다고 말씀드렸다. 하나님은 아브람에게 다시 아들이 생길 것이라고 말씀해주셨다. 물론 앞으로 아브람의 가계에서 태어날 자손들의 숫자는 셀 수 없을 정도였다.

아브람은 하나님을 믿기는 했지만 정작 그가 귀를 기울인 것은 아내의 목소리였다. 다시 두려움이 일어난 것이다. 사래는 하녀인 하갈을 통해 하나님의 약속이 이루어지도록 만들자고 제안했다. 그래서 아브람은 하갈과 동침했고 이스마엘이 잉태되었다. 들판의 데이지 꽃처럼 아브람은 흔들렸다. 한편으로는 하나님을 믿는 것 같았지만 믿음이 없는 모습도 보였다. 믿는가 싶더니 다시 자기의 뜻대로 상황을 통제하려고 했다.

시간이 흐르자 하나님은 그의 이름을 '아브라함'(많은 사람들의 아비)으로 바꿔주면서 하나님을 신뢰할 수 있는 기회를 다시 주셨다. 그렇지만 아브라함은 아비멜렉이 통치하는 지역으로 이주해가면서 다시 한 번 자기 아내를 누이라고 속였다. 하나님은 왕에게 경고하셨고 아비멜렉은 아브라함에게 화가 났다.

일종의 '패턴'이 생겼다. 믿음으로 출발하지만, 하나님을 신뢰하려고 노력하지만 연약해서 곧 넘어졌다. 하지만 넘어졌음에도 불구하고 아브라함은 하나님의 은혜 때문에 약속의 아들을 얻을 수 있었다. 이것이 바로 하나님의 은혜의 능력이다.[2]

자신이 지금 75세인데 무언가를 다시 시작하려 한다고 생각해보라. 가령, 75세인데 노아처럼 U자 운반선을 짓고 있다고 생각해보라. 75세이고 아직 자식이 없는데도 계속 큰 민족을 이루겠다는 말씀을 듣고 있다고 생각해보라.

> "아브라함아, 너는 많은 후손의 조상이 될 것이다. 창조 이전에 시작되었던 하나님의 계획의 성취인 약속의 메시야가 너의 후손으로 올 것이다."

얼마나 놀라운 약속인가! 얼마나 놀라운 미래인가! 그러나 문제가 하나 있다. 세상에! 당신은 나이가 75세이고 아직 아이가 없다는 것이다. 당신의 아내는 아름답지만 임신을 할 수 없다. 당연히 의문이 생길 수밖에 없다. 어떻게 이 일이 가능하지? 어떻게 이런 일이 일어날 수 있지?

그러나 아브람이 이렇게 말하지 않았다. "네, 그렇지만…." 우리는 아브람이 짐을 싸서 떠났다는 것만 알고 있다. 그는 믿었고 그 믿음에 따라서 행동에 옮겼다. 하나님의 말씀에는 은혜가 있고 은혜는 믿음을 낳는다. 그는 하나님께서 말씀하신 것을 믿었다.

듣는 것은 신앙의 첫 번째 단계이다. 믿는 것은 두 번째 단계이다. 그 믿음 위에 행동으로 옮기는 것이 세 번째 단계이다. 그와 그의 가족이 세겜 땅 모레 상수리나무에 도착했을 때 하나님은 다시 말씀하셨다. 그곳이 얼마나 먼 곳인지 알고 있는가? 아브람이 살던 곳에서 약 4백 마일쯤 된다. 그에게는 GPS나 스마트폰 어플도 없었다. 그곳은 시카고에서 켄터키 주의 렉싱턴까지의 거리보다 약간 더 먼 거리이고, 아틀란타에서 미시시피 주 잭슨까지의 거리이다. 거기에는 맥도날드도 없고, 주(州)간 간선 고속도로도 없었다.

도보로 가기에는 너무나 먼 길이다. 엄청난 헌신이다. 믿음에는 여러 단계가 있다. 그러나 아브람은 자기가 갈 곳이 얼마나 먼지 혹은 얼마나 걸릴지를 알지 못했다는 점을 기억하라. 그는 하나님의 말씀과 약속을 그저 단순히 믿었고 걸어서 모레 근처의 나무에 도착했다. 하나님은 에덴동산에 나무를 창조하셨고 첫 번째 남자와 여자를 창조하셨다. 하나님은 성장과 아름다움과 생명의 상징인 바로 그 나무에서 아브람을 만나주셨다. 이 비옥한 지역에는 이미 살고 있는 많은 사람들이 있었지만 하나님은 아브람에게 나타나서 말씀하신다.

"내가 이 땅을 너와 너의 자손에게 주겠다."

아브람은 아마도 황당해서 머리를 갸우뚱했을 것이다. 왜냐하면 그 땅에는 이미 가나안 사람들과 언덕에서 뛰놀고 있는 가나안 아이들이 있었다. 게다가 자신은 이미 75세였고 아내도 아이를 낳을 수 없는 상태였다. 그래서 그는 의아하게 생각했을 것이다.

'아마도 하나님께서 비유적으로 말씀하고 계신 걸 거야.
'다른 사람의 자손에게'라고 말씀하고 계신 건지도 몰라.'

하지만 아니다. 그 약속은 분명했다. 아브람에게 자녀가 생길 것이다. 하나님은 단순히 아브람에게만 약속하시는 것이 아니라 심지어는 아직 존재하지도 않는 사람들에게도 약속하고 계신 것이다. 태어나지도 않은 사람들과 아브라함의 가계에 은혜가 약속되어 있었다.

그 은혜가 확장되어 당신과 나에게까지 미쳤다. 아브람은 거기서 하나님께 제단을 쌓고 다시 이동해서 또 다른 제단을 쌓고 네게브를 향하여 하나님께서 인도하신 방향으로 계속 나아갔다.

그런데 이 이야기의 분위기는 이쯤에서 갑자기 무거워진다. 기아 때문에 아브람은 애굽으로 향해 가다가 국경을 건너서 졸지에 밀입국자 신세가 되자 두려워하기 시작했다. "내가 알기에 그대는 아리따운 여인이라."라고 사래에게 말한다.

남편들이여, 아내와 대화할 때 아리따운 여인이라고 하면 나쁜 표현이 아니다. 아름답다고 하는 것은 좋은 일이다. 나는 그것을 '인정의 언어'라고 부른다. 그러나 아브람의 행동의 결과는 끔찍한 것이었다.

> "애굽 사람이 그대를 볼 때에 이르기를 이는 그의 아내라 하여 나는 죽이고 그대는 살리리니 원하건대 그대는 나의 누이라 하라 그러면 내가 그대로 말미암아 안전하고 내 목숨이 그대로 말미암아 보존되리라 하니라."
>
> (창 12:12-13)

사래의 아름다움과 애굽 사람들의 반응은 정확하게 아브

람의 말 그대로였다. 바로의 신하들이 그녀를 보고 왕에게 말해서 사래를 왕궁으로 데려갔다. 그녀는 매우 아름다웠다. 아브람은 이 일로 양떼와 소떼와 종을 받았다. 하나님이 애굽 사람에게 질병을 주시기 시작하자 곧 바로의 집에도 재앙이 닥쳤다. 바로는 멍청이가 아니었다. 그가 사건의 경위를 파악해보니 아브람이 거짓말을 했다는 것을 알게 되었다. 아브람에게는 변명의 여지가 없었다.

아브람에게는 '두려움의 버튼'이 있었다. 그 버튼이 다시 켜진 것은 긴 여행에 지쳤기 때문이 아니었다. 애굽 사람들을 보고 걱정하자 그렇게 된 것이다. 아브람은 두려움 때문에 상상하게 되었고 애굽 신하들이 하는 대로 내버려 두었다. 이 일 때문에 그와 그 주위 사람들은 그 대가를 치러야 했다. 사래의 문제에 어떻게 반응했어야 하는지 생각해보라. 사래는 아브람이 얼마나 나약한 사람인지 알게 되었다. 의심할 바 없이 아브람의 조카인 롯도 그의 행동을 지켜보았을 것이다.

문제는 아브람의 두려움이 아니었다. 두려움은 그저 상황에 대한 자연스러운 반응일 뿐이다. 그러나 아브람은 하나님을 신뢰하는 것이 아니라 자기 자신의 생각대로 행동한다.

그런데도 하나님은 자신의 아내에 대해 거짓말했다고 아브람을 야단치셨는가? 하나님의 말씀을 주목해보라.

"아브람아 두려워하지 말라 나는 네 방패요 너의 지극히 큰 상급이니라."(창 15:1)

하나님의 은혜가 당신의 가장 깊은 필요를 채우신다. 하나님의 은혜는 당신이 연약한 사람이라는 것을 알고 만족시킬 것이다. 아브람의 경우 두려움이 그를 압도했다. 두려움 때문에 상황을 통제하려고 했고, 스스로 해결 방법을 찾으려고 했다는 것은 이해할 만한 일이다.

당신에게도 그러한 경험이 있는가? 당신은 어떤 상황 때문에 하나님을 신뢰하지 못한 적이 있는가? 아브라함의 반응을 주목해보라. 이것은 하나님과의 대화에 기록된 첫 번째 그의 말이다.

"주 여호와여 무엇을 내게 주시려 하나이까 나는 자식이 없사오니 나의 상속자는 이 다메섹 사람 엘리에셀이니이다 … 주께서 내게 씨를 주지 아니하셨으니 내 집에서 기른 자가 내 상속자가 될 것이니이다."(창 15:2)

아브람은 정직했지만 걱정이 많았다. 그는 믿음이 아니라 눈에 보이는 것에 따라 움직였다. 그는 머리로 이해하려고 애쓰고 있다. "여호와 하나님이여 당신께서 과거에 자손에 대해 말씀하셨지만 지금은 저에게 아들이 필요하다는 사실을 잊으신 것 같습니다." 아브람은 이제 두려움 때문에 상황을 통제하는 것을 넘어 하나님의 영역에까지 개입하려고 하고 있다.

당신도 그렇게 해본 적이 있는가? 상황을 통제하려고 해본 적이 있는가? 자신의 시간표에 따라 하나님을 움직이려고 해본 적이 있는가? 그렇다면 당신은 그분이 이루고자 하시는 일, 은혜의 역사를 가로막고 있는 것이다.

아브람의 관점에서만 보자면 그 아이, 즉 자신의 자식에 대해 그분이 약속하신 것을 단순히 상기시켜 드리려고 한 것뿐이다. 하나님이 궤도를 벗어나지 않도록 도움을 드리려고 한 것뿐이다.

"여호와의 말씀이 그에게 임하여 이르시되 그 사람이 네 상속자가 아니라 네 몸에서 날 자가 네 상속자가 되리라 하시고 그를 이끌고 밖으로 나가 이르시되 하늘을 우러러 뭇별을 셀 수 있나 보라 또 그에게 이르시되 네 자손이 이와 같으리라."(창 15:4-5)

하나님이 이 의심 많은 사람에게 응답하신 방식에서 그분의 사랑이 느껴지지 않는가? 그분은 가축이나 가나안의 아이들 같은 그림 언어를 사용해서 설명할 수도 있었지만, 자신이 만들었고 너무 많아서 셀 수조차 없는 별들을 사용해서 설명해주신다.

하나님은 너무나 자상하셔서 생물학적으로 설명하는 것이 아니라 아브람을 밖으로 데리고 나가서 분명하게 알 수 있도록 설명해주신다. "아브람아, 너에게 아들이 생길 것이다." 이것은 책망하는 것이 아니라 친절하고 자비로우며 은혜로운 대답이었다.

"나는 너의 두려움을 알고 있다. 네가 이해하기 어렵다는 사실도 알고 있다. 다시 말해 줄 테니 주의 깊게 들어라. 너에게 아들이 생길 것이고 그에게 아들이 생기며 그들에게도 아들이 생길 것이다. 너의 자손은 믿지 못할 만큼 기하급수적으로 늘어나게 될 것이다."

하나님의 놀라운 은혜는 역동적으로 역사하고 있다. 이 이야기에서 우리는 놀랍고 확신을 더해주는 또 다른 교훈을 볼 수 있다.

"아브람이 여호와를 믿으니 여호와께서 이를 그의 의로 여기시고"라고 기록되어 있다. 은혜는 당신의 두려움과 의심까지도 뚫고 들어온다. 당신이 그분의 부르심을 듣기만 하면 당신은 믿게 될 것이고 믿음이 있다는 인정도 받게 될 것이다. 당신 안에서 일하신 분은 하나님이셨는데 그 일 때문에 당신이 칭찬받게 될 것이다.

이 사실을 놓치지 말라. 이 사실도 예수님께서 우리에게 베풀어 주시는 은혜에서 깨달아야 하는 메시지이기 때문이다. 우리도 이제 그리스도 안에서 아브람에게 베풀어주신 은혜를 동일하게 받을 수 있다.

당신이 다시 물러서지 않고 다시 두려워하지 않을 것이라는 보장은 없다. 왜냐하면 우리의 두려움은 동일한 문제에서 출발하기 때문이다. 이번에는 사래가 아브람에게 와서 문제의 해답을 찾았다고 말한다. 자신의 하녀인 하갈과 잠자리를 해서 아들을 가지면 될 것 같다는 말이었다.

사래가 왜 그런 말을 했는지 생각하다보면 사래에게서 두려움이 감지된다. 아마도 자신이 아기를 낳지 못할 것이라고 느낀 것 같다. 자식이 없는 것이 자신의 잘못이라고 느낀 것 같다. 그녀의 제안은 하나님의 약속을 무시한 것이었다. 이번 이야말로 아브람이 리더십을 발휘할 완벽한 기회였다. 그는 "사래, 내가 전에는 두려움에 굴복해서 실수했지만 이제는 그렇게 하지 않으려고 해. 이번에는 우리에게 아이를 주실 거라고 믿고 있어."라고 말할 수도 있었다.

하지만 아브람은 그렇게 말하지 않았다. 두 번이나 하나님의 말씀을 들었으니 확신으로 밀고 나갔어야 하는데 오히려 하갈과 잠자리를 했다. 그는 75세였는데 여전히 이스마엘 말고는 아들이 생기지 않았다. 결국 그는 이 일 때문에 오랫동안 아들을 기다려야 했다.

그로부터 14년 후, 아브람이 99세가 되어서야 하나님은 당신이 말씀하신 것을 확증해주셨다. '열국의 아비'라는 뜻인 아브라함으로 이름을 개명해주시면서 자손에 대해 확증해주셨다. 사래에게도 사라라는 이름을 주시고 태어날 아들의 이름을 이삭이라고 지어주신다.

하나님의 은혜이다. 사망에서 생명으로 부르시는 놀랍고 강력한 은혜의 하나님. 바로 그 은혜의 하나님이 가임기를 넘긴 폐경된 자궁을 통해 아이를 주신다. 그리고 아이를 양육할 힘도 주신다.

아브라함은 결국 아비멜렉이 다스리는 지역으로 이주한다. 이번에는 그도 굴복하지 않고 용감하게 맞서려고 했지만(이 지점에서 저절로 한숨이 나온다), 안타깝게도 아브라함은 다시 사라에 대해 거짓말을 하고 동일한 과정이 반복된다. 아브라함은 새로운 이름을 받았지만 여전히 옛 두려움에 머물러 있다. 두려움은 죄를 낳고 죄는 모든 사람에게 대가를 치르게 한다.

창세기 21장은 하나님의 약속의 성취를 보여준다.

"여호와께서 말씀하신 대로 사라를 돌보셨고 여호와께서 말씀하신 대로 사라에게 행하셨으므로 사라가 임신하고 하나님이 말씀하신 시기가 되어 노년의 아브라함에게 아들을 낳으니 아브라함이 그에게 태어난 아들 곧 사라가 자기에게 낳은 아들을 이름하여 이삭이라 하였고 그 아들 이삭이 난 지 팔 일 만에 그가 하나님이 명령하신 대로 할례를 행하였더라. 아브라함이 그의 아들 이삭이 그에게 태어날 때에 백세라. 사라가 이르되 하나님이 나를 웃게 하시니 듣는 자가 다 나와 함께 웃으리로다. 또 이르되 사라가 자식들을 젖먹이겠다고 누가 아브라함에게 말하였으리요마는 아브라함의 노경에 내가 아들을 낳았도다 하니라."(창 21:1-7)

두려움은 죄를 낳는다. 반면 은혜는 축복을 가져온다. 두려움은 고통과 상처의 근원이다. 하지만 은혜는 우리를 웃게 한다.

신생아를 품에 안은 나이 많은 여인과 아브라함의 표정을 상상해 보라. 믿을 수 없는 광경에 놀란 사람들의 얼굴도! 이 모든 것이 다 은혜 때문이다. 모든 것이 하나님의 약속 때문이다.

은혜를 받으면 변화된다. 표정이 바뀐다. 비록 시간이 오래 걸리더라도 은혜를 받으면 두려움은 압도당한다. 하나님의 은혜는 당신과 주위 사람들에게 축복을 가져다준다. 하나님의 은혜는 웃음과 기쁨을 주고 사망에서 생명을 준다.

아브라함의 가계인 다윗 왕을 통해서 오신 약속된 분, 육신을 입고 오신 말씀, 그 예수 그리스도께서는 우리에게 오셔서 '은혜와 진리'로 충만케 하신다. 유대인 독자를 위해 쓰인 마태복음에서 저자는 예수님의 독특한 가계도를 모든 사람이 이해하고 있다는 확신 하에 기록했다. 메시아는 다윗 왕을 통해서 오셨다. 그러나 마태는 하나님께서 아브라함에게 주신 축복의 약속이 독자들에게 이어지고 있다고 말하고 있다.

요한복음 8장에 기록된, 종교 지도자들이 등장하는 장면에서는 예수님과 이 '선생'들과의 충돌이 극적으로 그려지고 있다. 그들은 하나님의 역사와 하나님의 사람 혹은 하나님의 은혜를 이해하지 못하고 있다.

"너희가 내 말에 거하면 참으로 내 제자가 되고 진리를 알지니 진리가 너희를 자유롭게 하리라. 그들이 대답하되 우리가 아브라함의 자손이라 남의 종이 된 적이 없거늘 어찌하여 우리가 자유롭게 되리라 하느냐."(요 8:31-33)

예수님은 그 선생들에게 하나님을 이해하는 다른 방법을 제시하고 있다. 그들의 삶은 죄로 가득 차 있었지만 그들은 자신의 모습을 보지 못했다. 그들은 예수님의 가르침을 두려워했다. 왜냐하면 예수님의 가르침은 '율법에 순종하는 사람은 하나님의 자녀이다'(I-am-of-God-if-I-follow-the-rules)라는 믿음을 배격했기 때문이다. 그들은 자신이 한 일을 의로 삼고 있었지만 그것은 하나님을 기쁘시게 할 수 없는 것들이었다.

예수님은 이렇게 대답한다.

"진실로 진실로 너희에게 이르노니 죄를 범하는 자마다 죄의 종이라. 종은 영원히 집에 거하지 못하되 아들은 영원히 거하나니 그러므로 아들이 너희를 자유롭게 하면 너희가 참으로 자유로우리라. 나도 너희가 아브라함의 자손인 줄 아노라. 그러나 내 말이 너희 안에 있을 곳이 없으므로 나를 죽이려 하는 도다. 나는 내 아버지에게서 본 것을 말하고 너희는 너희 아비에게서 들은 것을 행하느니라."(요 8:34-38)

예수님은 그들의 아버지가 아브라함이나 하나님이 아니라 사탄이라고 말씀하셨기 때문에 이 시점부터 대화는 꼬이기 시작했다. 지도자의 자존심이 긁히는 소리가 들리는 것 같다. 예수님의 말씀은 지도자들을 분노하게 했고 심지어는 신성모독으로까지 간주되었다. 예수님은 단순히 그들을 죄인이라고 정죄하는 것이 아니라 그들이 하나님의 일을 방해하고 하나님의 진리와 은혜를 배격하고 있다고 말씀하신 것이다. 그들은 자기들이 아브라함과 우주까지도 창조하신 분과 대화하고 있다는 사실을 깨닫지 못했다. 예수님은 그들의 입장에서 말씀하셨다.

"너희 조상 아브라함은 나의 때 볼 것을 즐거워하다가 보고 기뻐하였느니라. 유대인들이 이르되 네가 아직 오십

세도 못 되었는데 아브라함을 보았느냐? 예수께서 이르시되 진실로 진실로 너희에게 이르노니 아브라함이 나기 전부터 내가 있느니라 하시니 그들이 돌을 들어 치려하거늘 예수께서 숨어 성전에서 나가시니라."(요 8:56-59)

아브라함이 후손, 즉 이삭에 대한 약속을 받았다면 우리는 우리 죄를 처리해 주신 분에 대한 약속을 받았다. 예수님의 희생이 없었다면 우리에게는 희망이 없었을 것이다. 그러나 하나님의 은혜 때문에 우리는 더 이상 죄에 묶여있지 않고 자유롭다.

하나님의 은혜가 아브람을 불러서 아브라함으로 만드셨고 약속한 것을 주셨다. 은혜는 계속된다. 놀랍고 기가 막힌 은혜이다.

제3장
수치스런 길, 기생에게서 배우는 교훈

라합

*라합*은 *아모리인이었다.* 그녀의 삶은 그다지 아름답지 않았다. 왜냐하면 기생이였기 때문이다. 그녀의 직업은 돈을 받고 몸을 파는 일이었다. 그녀의 집은 여리고 성에 있었고 그곳은 남성들에게 인기가 있는 곳이었다.

어느 날, 두 사람이 그녀의 집에 들어왔다. 그들은 여호수아가 보낸 사람으로서 여리고를 정탐하고 오라고 보낸 이들이었다. 그 도시의 왕은 이 반갑지 않은 방문객에 대해 듣고 라합에게 그 정탐꾼들을 내놓으라는 전갈을 보냈다. 그러나 라합은 이 두 사람을 내어주지 않고 오히려 감추며 그들이 이미 도망갔으니 쫓아가보라고 거짓으로 보고했다.

라합은 정탐꾼이 숨어 있는 지붕으로 가서 말했다. 이스라엘에 대해 들은 것과, 하나님에 대해 알고 있는 것과, 하나님이 이스라엘 백성을 위해 어떻게 역사하셨는지, 그리고 얼마나 그 땅에 있는 사람들이 두려워하고 있는지를 알려주었다.

> "너희의 하나님 여호와는 위로는 하늘에서도 아래로는 땅에서도 하나님이시니라."(수 2:11下)

라합은 정탐꾼을 구해준 대가로 자신의 생명뿐아니라 자신의 부모와 친척들의 생명도 살려달라고 부탁했다. 정탐꾼들은 친절하고 성실한 태도로 그 제안을 받아들였다. 그녀는 자신의 집 창문에 붉은 줄을 내걸고 이스라엘의 공격이 시작되면 가족들을 집으로 모으기로 했다.

라합이 정탐꾼들의 탈출을 도왔으므로 정탐꾼들은 무사히 돌아와 여호수아에게 정탐 결과를 보고할 수 있었다. 이스라엘의 지도자들은 하나님께서 그 땅을 그들에게 주셨다는 사실을 확인시켜 주시고 있다는 것을 깨달았다. 이스라엘 백성들이 언약궤와 함께 요단 강을 건너오자 여리고의 문은 닫혀버렸다. 이스라엘 백성들은 그 성 주위를 6일 동안 돌았다. 그 다음 일곱째 날 기적과 같이 여리고 성벽은 무너져 내렸고 라합의 가족들만이 그 파괴된 성에서 구원을 받았다.

이 죄 많은 이방 기생이 메시아의 가계에 감히 이름을 올린 것이다.[3]

그녀는 30대거나 혹은 40대 일 수도 있다. 그녀는 자신의 가족을 사랑했다. 그러나 무언가가 빠져있었다. 내면 깊은 곳에서 꿈틀거리는 무엇이 있었다. 그녀의 영혼에는 아무도 채울 수 없는 공간이 있었다. 심지어는 하나님조차도.

어쩌면 그녀 혼자서 그렇게 생각하고 있는지도 모른다. 그녀는 상담 직원에게 슬픈 미소를 지으며 자신의 문제를 밝혔다. 하지만 사람들은 말하려고 내 사무실에 오는 게 아니다. 절망적이기 때문에 오는 것이다.

그녀의 이름은 줄리이다. 그녀의 문제는 자신의 과거이다.

과거에 대한 생각 때문에 괴롭지만 그렇다고 지난 세월을 되돌릴 수는 없는 것이다. 그녀는 자신의 과거 때문에 하나님도 받아들이지 못하고 있었다. 그녀는 스스로를 더럽다고 느꼈고 그래서 수치심에 휩싸여 있었다.

줄리와 라합은 공통점이 많다. 라합도 과거가 있는 여자이다. 이것은 그리 유쾌한 이야기가 아니다. 여호수아서에서 마주치게 되는 당시 그녀의 현실은 그다지 아름다운 것이 아니었다. 미래에 대한 희망도 거의 없는 상태였다. 그녀는 하나님의 심판 대상 제1순위였다. 그녀는 '선택받거나', '축복받은' 사람이 아니었다. 아모리인이자 기생이였다. 어쩌면 자신이 그런 위기 상황에 놓여 있었기에 이스라엘 백성을 불러들인 것인지도 모른다. 그녀는 무너질 도시에 살았고 모든 사람들이 최악의 상황을 두려워하고 있었다.

아브라함의 시대의 가나안 사람들을 기억하는가? 그들은 그 땅의 원주민이었고 자녀를 많이 낳아서 땅에 가득했다. 그리고 자식이 없는 아브라함도 그 땅에 있었다. 그러나 하나님은 그 땅을 아브라함과 그의 후손들에게 주시겠다고 약속한다. 아브라함의 가문은 강한 가문이 되었다. 그 약속은 진실이었다. 심판이 다가오고 있는 것처럼 보이지만 은혜 역시 여리고로 다가오고 있었다.

당신이 '레드 로버'(Red Rover, Red Rover : 어린이 놀이의 일종, 두 팀이 어떤 거리를 두고 마주보고 나란히 서서 번갈아가며 상대팀 사람을 지명한다. 지명된 사람은 손을 잡고 서 있는 상대방의 열을 돌파하려고 하며, 이에 실패하면 상대팀의 일원이 된다. -역자 주)놀이를 한다면, 그래서 모든 여리고 사람들을 줄 세운다면, 어떤 이스라엘 백성도 "라합을 이쪽으로 보내라."고 말하지 않을 것이다. 그녀는 구원해주고 싶은 대상이 아니었다.

여리고는 두려움으로 가득 차 있었다.(두려움 때문에 아브라함이 어떤 행동을 했는지 기억나는가?) 여리고 백성들은 이스라엘 백성들이 어떻게 요단 강의 마른 땅을 건넜는지를 들었다. 하나님은 그들을 인도하고 지도하시며 길을 예비하심으로 계속해서 기적을 행하셨다. 이제 여리고는 두려움에 휩싸였다. 그들의 마음은 "두려움으로 녹아내렸다."

라합은 하나님에 대해 알고 있었지만 실제로 그분을 경험해 본 적은 없었다. 그래서 그분이 은혜의 하나님이라는 사실을 몰랐다. 심지어 '가는 곳마다 모든 것을 싹 쓸어버리게 하심'(wipe-everything-out-as-you-go)의 때조차도 명백하게 하나님의 은혜는 드러났다. 라합은 정탐꾼과 흥정하면서 그들의 하나님이 최고의 하나님이라고 선언한다.

> "그러므로 이제 청하노니 내가 너희를 선대하였은즉 너희도 내 아버지의 집을 선대하도록 여호와로 내게 맹세하고 내게 증표를 내라. 그리고 나의 부모와 나의 남녀 형제와 그들에게 속한 모든 사람을 살려 주어 우리 목숨을 죽음에서 건져내라."(수 2:12-13)

여리고에 들어간 두 명의 정탐꾼들은 자신과 친척의 안전을 요구하는 라합과 흥정을 했다. 그러나 그녀는 안전 이상의 것을 얻을 것이라고는 꿈에도 생각하지 못했다. 자신의 목숨 이상을 말이다. 하나님의 은혜에는 항상 계획이 있다. 하나님의 은혜에는 그녀에 대한 미래의 계획과 소망도 포함되어 있었다.

오늘날의 사람들도 동일한 두려움과 오해에 직면해 있다. 어떤 사람들은 교인으로 인해 상처를 받기도 한다. 어떤 사람은 스스로에게 상처를 준다. 그들은 하나님을 오직 벌주시는 분으로 생각한다. 그들은 하나님의 사랑을 이해하지 못한다. 항상 현재와 같은 삶이 펼쳐질 것이라고 믿는다.

라합의 생애를 보라. 그녀의 삶은 실망으로 점철되어 있다. 어렸을 때 그녀는 틀림없이 흰색 울타리, 자신만의 염소, 멋진 남편, 두세 명의 아이들이 있는 여리고 드림을 꿈꾸었을지 모른다. 그 꿈이 무엇이었든 현실은 그 꿈과는 달랐다. 그녀는 그 당시의 문화로는 '매춘부'를 의미하는 기생이었다. 이것을 더 좋게 말할 방법이 없다. 그녀는 자신의 집에 남성을 받아들였고 그 대가로 돈을 받았다. 아마 그녀는 그 돈으로 음식이나 동물이나 살림도구를 샀을 것이다. 남편과 아내 사이의 사랑의 표현이자 자녀를 가지는 수단으로 하나님께서 허락하신 일이 그녀에게는 단순히 밤에 해야 하는 '일'에 불과했다. 먹고 살기 힘든 그녀의 삶에서 그것은 또 다른 일일 뿐이었다.

그녀에게 매일의 삶이란 그저 집 근처에서 가족과 먹을 것을 위해 일하기, 물 모으기, 해가 지면 또 해가 뜨는 일상, 이 일을 다시 반복하는 지겨운 삶에 불과했다. 그녀는 남자들이 원하는 것이 무엇인지 알았을지 모르지만 하나님이 원하시는 것은 알지 못했다.

그런 그녀에게도 현재의 현실 이상의 삶을 살 수 있을 것이라는 마음속 깊은 곳의 희망이 일어났을까? 바다를 가르고 건너와서 성벽으로 둘러싸인 성을 멸망시킨 이스라엘 백성의 불기둥과 구름기둥을 자기도 따라갈 수 있다는 희망을 가졌을까? 도시에 들어와서 성벽 끝에 있는 자신의 집을 발견했던 이스라엘 백성들 이전에 어떤 특별한 악몽과 같은 사건이 그녀의 삶에 있었을까?

우리는 라합의 삶의 배경 혹은 정탐꾼이 잠입했을 때 라합이 상황을 어떻게 판단하고 있었는지 알지 못하지만, 우리는 그 일이 하나님이 기뻐하시는 일이라는 것은 안다. 하나님은 도시 안으로 찾아오셔서 변두리 인생들에게 말씀하길 원하시는 분이다. 그분은 그분의 은혜를 받을 자격이 없다고 생각하는 사람들에게 자신을 나타내시기를 기뻐하신다. 잠언 25:2에서는 "일을 숨기는 것은 하나님의 영화요"라고 쓰고 있다. 하나님은 상식을 뛰어 넘는 분이시다. 왜냐하면 그분은 우리라면 선택하지 않을 사람을 선택하시기 때문이다.

그분은 죄인과 교제하시는 분이다. 그분은 희망이 없는 환경에 놓여있는 가장 가망이 없는 사람들에게도 사랑을 보여주신다.

사람들은 라합을 좋아한다. '기생 라합', 이 말은 수 세기 동안 계속된 경멸의 명칭이다. 그녀는 매춘부로 분류되고 낙인찍혔다. 치부되고 잊혀졌다. 그녀의 이름을 부르는 것은 인간성과 존엄성의 무시였다. 직업 때문에 나환자처럼 부정한 사람으로 취급되었다. 목동 소년과 목수의 아들도 마찬가지로 인간다운 대접을 받지 못했다.

"나사렛에서 무슨 선한 것이 나올 수 있겠습니까?"

오늘날에도 사람들은 동일한 취급을 하고 있다. 사람들은 당신을 기독교인이라고 낙인찍는다. 하나님이 만물을 창조하셨다고 믿는다면 세상 물정 모르는 사람이며, 바보같이 이미 잘못이 증명된 이론을 고집하는 사람이라고 낙인찍는다. 무지한 사람으로 찍혀서 환영받지 못하는 존재가 된다.

그런데 슬프게도 기독교인들 역시 동일한 죄를 짓는다. 우리도 하나님의 은혜를 필요로 하는 사람들을 낙인찍고, 난도질 하고, 치부하고, 그렇게 해서 왕따 시키고, 판단하고, 쫓아낸다. 우리는 어떠한 이웃은 우리와 맞지 않는 사람이라는 낙인을 찍고 그를 외면해 버린다. 이웃에 사는 아이는 불쾌한 행동을 하며 당신이 지나가도 인사조차 하지 않는 아이라고 생각해 버린다. 어떤 사람은 나쁜 언어를 사용하고 당신이 용납할 수 없는 문신을 하고 있다. 그 리스트에는 끝이 없다.

우리는 우리와 비슷한 사람들, 즉 우리가 생각하는 방식에 동의하고, 우리가 좋아하는 음악을 연주하고, 집을 칠할 때 우리와 같은 색깔의 페인트를 칠하는 사람들을 선호한다. 그러나 하나님과 하나님의 은혜는 우리들과는 다른 관점을 갖고 있다. 줄리에게도 동일한 문제가 있었다. 그녀는 자신의 존엄성을 볼 줄 몰랐다. 과거에 어떤 사건이 있고 나서부터는, 내 상담실로 찾아오게 된 이유가 무엇이든 간에, 스스로를 하찮게 여기게 되었다. 그녀는 자신의 존엄성을 바라볼 생각은 하지 않고 구름처럼 자신의 뇌리를 떠나지 않고 계속 드리워져 있는 과거에 매여 있었다. 그러면 은혜의 길이란 무엇일까?

라합이 죽고 수세기가 흐른 후 한 남자가 혼자 정오 태양에 우물곁에 앉아 있었다. 그는 지치고 목말라서 제자들이 급히 음식을 구하러 간 동안 그저 물을 기다리면서 쉬고 있었다.

매춘부 여자가 우물로 다가왔다. 그녀는 매춘부가 아니라고 생각되지만 매춘부일 가능성도 있다. 그분은 영적이고 거룩한 분이시기 때문에 그녀가 보기 싫다면 얼마든지 그곳을 떠나거나 최소한 그녀에게서 등을 돌리실 수도 있었다. 그녀에게 침묵으로 응대할 권리도 있으셨고 그것이 그 당시 의무였다.

우리가 바로 그렇게 하고 있다. 그러한 방식이야말로 우리가 주위 사람들을 대하는 방식이며, 우리는 이러한 행동을 의로운 분노 혹은 거룩한 삶이라고 생각한다. 하지만 예수님은 연민으로 그녀를 대했고 동정하는 태도로 반응했다.

'수치의 길'은 상대방이 한 일로 그 사람을 평가한다. '은혜의 길'은 상대방을 사랑으로 대하는 방법이다. 수치의 길은 외적 모습만을 평가한다. 은혜의 길은 사람의 외모를 넘어서 보는 것이다.

그분은 그녀에게 다가가 한 잔의 물을 요구한다. 이것은 은혜이기는 하지만 스캔들로도 비화될 수 있는 위험성이 있었다. 사실 표면적으로 보면 스캔들이었다. 그녀에게 말을 건다는 사실만으로도 그 도시에 사는 '영적인 사람들'의 분노를 사기에 충분한 일이었다. 존경받는 랍비가 왜 그런 일을 할까?

이러한 행동에 대해 그 여인을 보면 자신의 조상이 생각나기 때문이라는 것이 대답이 될 수 있을까? 그분은 그녀에게 당신을 보니 나의 선조 할머니인 라합이 생각난다고 말씀하실 수 있었다.

물론 그분은 그렇게 말씀하시지 않았다. 자기중심적으로 말씀하지 않으셨다. 오직 그녀와 그녀의 필요에 주목하셨다. 그녀의 가장 깊은 필요! 지금까지 느꼈을지는 모르지만 경험해본 적이 없는 자신의 필요를 그녀는 우물곁에서 알게 되었다. 그녀는 물동이를 우물에 떨어뜨리면서 그분이 자기가 평생 그토록 찾아왔던 사람이라는 것을 알게 되었다. 이것은 그녀가 수가성에서 끊임없이 찾았던, 어떠한 남자의 팔에 안겨서도 결코 경험해본 적이 없는 그러한 사랑이었다.

우리 모두에게는 가계가 있다. 우리의 족보 가운데는 다른 사람들에게는 감추고 싶은 조상이 있다. 악동과 범죄자들, 존경스럽지 못한 전과 기록을 가진 친척들.

라합은 족보 때문에 그러한 삶을 살게 된 것이 아니라 자신이 벽장 속에 밀어 넣어둔 과거 때문이었다. 그 안에는 그녀가 입에 풀칠이라도 하기 위해 선택한 일들이 있었다. 그 안에는 과거의 모습 때문에 스스로에 대한 멸시가 숨겨져 있었다.

그녀에게는 하나님으로부터 도망치고 싶은 많은 이유가 있었다. 그녀에게는 이스라엘 백성들이 보낸 정탐꾼을 두려워해야 할 이유도 많았지만, 동시에 여리고 성의 지도자들 역시 두려워할 수밖에 없었다. 그러나 무슨 이유 때문인지 모르지만 사막을 건너온 이 사람들에게 끌렸다. 광야를 통해 기적적으로 이 백성들을 인도해 오신 하나님께로 끌렸다.

어쩌면 그녀는 자신의 삶에 기적이 필요하다는 것을 알았을지도 모른다. 그 도시의 다른 사람들에게 느낀 두려움도 컸지만 아마도 기적을 바라는 마음이 더 컸던 것 같다. 그녀는 수치와 비하의 삶을 살았지만 무엇인가를 찾는 일을 포기하지는 않았다. 자신이 숨겨준 사람들에게 자비를 기대했다.

그녀는 알지도 못하는 사람들과, 자신이 이해하지도 못하는 그들의 하나님에게 모든 것을 전적으로 믿고 맡긴다. 예상치 못했던 은혜가 삶을 덮칠 때까지 말이다.

이 은혜는 라합의 삶에만 엄청난 영향을 준 것이 아니다. 하나님이 세우신 최고의 본보기로서 이 여인을 바라보며 좇아갈 다른 사람들에게도 큰 영향을 끼쳤다. 히브리서 기자는 그것을 이렇게 적었다.

> "믿음으로 기생 라합은 정탐꾼을 평안히 영접하였으므로
> 순종하지 아니한 자와 함께 멸망하지 아니하였도다."
>
> (히 11:31)

라합의 이야기를 할 때 많은 사람들은 하나님이 왜 거짓말을 용납하셨는지 의아해 한다. 하지만 그렇지 않다. 하나님은 거짓말을 용납하지 않으시며 거짓말의 한 예로써 그것을 보여주고 있는 것도 아니라는 것을 성경에서 쉽게 찾아볼 수 있다. 이것은 결코 사탕발림이 아니다. 그 당시 사람들에게 자명한 사실을 정치적 언어로 잘 포장하지도 않았다.

"라합은 결점이 별로 없는 의로운 여인이었다."

"라합은 많은 사람들을 자신의 집에 받아들였고 그래서 이스라엘의 두 정탐꾼에게도 똑같이 우호적으로 대했던 것이다…."

이것은 사실이 아니다. 라합은 기생이었다. 하나님이 그런 천한 사람을 선대하셔야 할 아무런 이유도 없었다. 평판이 나쁜 사람을 좋게 대할 이유가 없는 것이다. 그러나 바로 이것이 은혜의 길이다.

하나님이 당신을 주관하시게 하면 자신의 삶에서 하나님의 역사를 맛볼 수 있게 된다. 하나님은 단순히 당신이 하나님에 대해 알기를 원하시는 것이 아니다. 하나님은 당신이 하나님이나 그분의 백성을 두려워하게 하시려는 것이 아니다. 그분이 바라는 것은 당신이 어떠한 상황에 처해 있든지 은혜를 부어주셔서 자신에게로 이끄시는 것이며, 당신의 삶에 사랑과 자비를 보여주시는 것이다.

"하지만 당신은 모를 겁니다! 내가 한 일, 혹은 내게 어떤 일이 있었는지 모를 겁니다."

하지만 이것을 알아야 한다. 라합은 기생이었다. 그녀는 몸을 팔았다. 세상의 가장 그늘진 자리에 있었다. 그녀는 도시의 변두리에 살았고 여리고 성벽에 집을 지었다. 변두리 인생이 가질 수 있는 것은 그리 많은 것이 아니다.

성경은 정탐꾼이 나타나기 전에 그녀에게 남편이 있었다고 말하지 않는다. 어쩌면 그녀의 남편은 일찍 죽었을지도 모른다. 그래서 그녀는 자신과 가족의 생계를 위해 매춘부로 전락했는지도 모른다. 어쩌면 그녀는 결혼한 적이 없고 단순히 생계를 위해 매춘을 했는지도 모른다.

어쨌든 우리는 라합에 대해 자세히 알지 못한다. 그러나 우리는 이 사실은 알고 있다. 하나님이 당신의 은혜로 말미암아 라합을 선택하셨고 메시아이신 예수님의 계보를 잇게 하셨다는 사실이다. 하나님은 당신의 무한한 자비로 이 무시당하고 거절당한 여성을 다윗의 조상 살몬의 아내로 결정하셨다.

그렇다고 그녀를 칭찬하기에는 아직 이르다. 그녀는 여전히 수치스런 장소에 머물러 있다. 마음을 살펴보면 라합은 탐욕스런 여자였다. 마치 줄리와도 같았다. 그녀의 삶의 핵심인 '과거의 삶'은 치료가 필요했다. 성공적이고 적극적인 사고방식만으로는 치료가 이루어질 수 없다. '적극적인 사고방식 4단계' 같은 프로그램으로 치료가 될 성질의 것도 아니다.

셰익스피어의 『맥베스』를 보면 라합의 곤경을 완벽하게 보여주는 장면이 나온다. 맥베스는 남편에게 던컨 왕을 죽여서 자신이 스코틀랜드의 여왕이 되게 해달라고 부탁한다. 유명한 몽유병 장면에서 그녀는 자신의 손에 있는 눈에 보이지 않는 핏자국을 문지르면서 "아직 피 냄새가 나. 아라비아의 어떤 향수로도 이 작은 손의 냄새를 지울 수 없다니. 오, 오, 오!"하며 절규한다. 그녀가 아무리 문질러도 자신의 손에 묻은 피 냄새 때문에 괴로웠고 이것은 결국 그녀를 벼랑 끝으로 몰고 간다.

라합에게 필요한 것, 줄리가 내 사무실에서 필요로 했던 것, 그리고 당신과 내게 필요한 것은 바로 '영혼의 청소'이다. 우리에게는 우리를 씻기고, 적시고, 우리가 이를 수 없는 곳, 즉 우리 영혼의 깊은 곳에서 우리를 씻기고 정화시켜줄 수 있는 하나님의 은혜가 필요하다. 우리 자신의 힘으로는 아무리 노력해도 영혼 깊은 곳에 있는 수치와 지나간 상처라는 얼룩을 깨끗하게 할 수 없다.

이것은 영광스런 소식이다. 이것은 믿기 힘든, 상상할 수 없는 하나님의 제안이다. 거룩하지 않은 사람, 더럽혀진 사람이 거룩해질 수 있다는 이야기다. 우리가 어떤 일을 했기 때문이 아니라 하나님 자신의 선함과 자비하심 때문이다.

그러니 우리가 감히 이것을 스스로 하려고 해서는 안 된다. 우리는 그분이 행하시는 대로 우리 자신을 비워드려야 한다. 왜냐하면 그것이야말로 참된 치유와 온전함으로 가는 유일한 길이기 때문이다. 이 과정을 거치지 않고 자신의 노력으로 하고자 애쓰면 결국에는 그 진리를 놓치게 될 뿐이다. 그분의 은혜를 놓치게 될 것이다.

라합이 어떤 선한 일을 한다고 해서 갑자기 의로워지거나 믿음의 전당에 수록되는 것은 아니다. 그녀가 깨끗한 행동을 하고, 토라를 연구하거나, 지역의 위기 임신 센터의 자금 모금을 주도했다고 하나님이 확신을 주시거나 사용하시는 것이 아니다.

라합은 믿었다. 그녀는 하나님이 계시다고 믿었다. 능력의 하나님, 유일한 참 하나님을 믿었다. 그녀는 하나님이 아브라함의 후손에게 역사하고 계시며 무한한 능력을 갖고 계시다고 믿었다. 비록 다른 사람들은 믿지 않았지만 하나님이 자신의 삶을 바꾸실 수 있을 것이라고 믿었다.

줄리가 온전해지려면 이 정도의 믿음은 있어야 한다. 자신의 과거의 죄를 끄집어내는 목소리가 아니라 하나님이 그녀에 대해 생각하시는 것을 믿어야 한다. 두려움과 확실성 가운데서 정탐꾼을 받아들여야 한다. 진리에 마음의 문을 여는 작은 결단이 필요한 것이다.

진리와 은혜, 당신이 이 두 정탐꾼에게 마음의 문을 열고 자신과 하나님에 대한 진리를 보게 될 때 당신은 은혜의 엄청난 능력을 맛보게 될 것이다. 진리는 당신을 회개로 인도할 것이고 은혜는 소망을 줄 것이다.

상담자로서 나는 줄리의 마음을 변화시킬 수 없다. 그저 질문하고 그녀에게 좋은 방향을 알려줄 수 있을 뿐이다. 하지만 그녀 스스로 자신의 과거가 참다운 자기 자신이 아니라는 사실에 마음을 열지 않는 한 억지로 진리를 보게 할 수는 없다. 하지만 진리와 은혜는 큰 변화를 일으킨다. 그녀가 마음을 열면 하나님께서 담대함을 주시고 그 마음을 변화시켜 주신다. 수치와 침묵과 과거의 목소리가 아니라 은혜의 목소리를 듣게 될 것이다.

우리 대적이 하는 거짓말은 바로 이렇다. '너는 여기 있을 자격이 없어. 너는 형편없는 녀석이야. 너의 과거는 너를 영원히 따라다닐 거야. 너는 하나님의 자녀가 될 자격이 없어.'

하지만 은혜의 속삭임은 다음과 같이 말한다.

> "그러므로 이제 그리스도 예수 안에 있는 자에게는 결코 정죄함이 없나니."(롬 8:1)
>
> "나도 너를 정죄하지 아니하노니 가서 다시는 죄를 범하지 말라 하시니라."(요 8:11)
>
> "죄로부터 해방되어 의에게 종이 되었느니라."(롬 6:18)

라합은 훌륭한 여인이 아니었다. 그럼에도 불구하고 그녀를 잊어 본 적이 없으신, 거룩하신 하나님은 그녀를 만나주셨다. 그녀의 마음의 벽이 무너져 내렸다. 그녀는 신실한 영웅의 목록에는 기록되지 않았지만 구세주의 혈통으로 선택받았다.

그러니 과거의 수치와 실패의 경험 때문에 하나님이 자신을 바꾸어 주실 기회를 놓치지 말라. 당신의 죄가 당신을 더는 노예로 묶도록 허용하지 말라. 당신은 삶에서 안전과 구속 그 이상의 경험을 할 수 있다.

라합처럼 당신도 하나님을 충만하게 믿고 따를 수 있다. 과거 때문에 상처 입은 여인의 삶이 극적으로 변화되었다. 그녀는 이스라엘의 왕자인 살몬과 결혼했고 다윗 왕의 조상이 되었다.

이 놀라운 하나님의 은혜의 이야기를 읽고 당신도 마음의 벽을 무너뜨려 보라. 하나님의 사랑의 이야기로 씻음과 정결함을 받아서 새 사람이 되어 보라. 그분의 은혜에 대한 진리를 믿으라. 라합의 집에 머물러 있던 가족처럼 당신이 '그리스도 안에' 머물러 있다면 당신의 삶에도 놀라운 변화가 일어날 수 있다.

그러므로 당신이 그리스도 안에 있다면 당신은 이제 새로운 피조물이다.

"이전 것은 지나갔으니 보라, 새 것이 되었도다."(고후 5:17)

제4장
속임수를 써서 은혜를 쟁취한 여인

다말

다말이 임신을 했다. 사방에서 쑥덕거리는 소리가 들린다. 아이의 아버지가 누구일까에 대한 추측성 소문들이 무성하다. 다말이 임신을 했다. 이것은 스캔들이다. 벌을 받아야 한다. 그것도 죽음의 벌을 받아야 한다.

하나님과 오랫동안 특별한 관계를 가져온 이 특권층 가문에 시집 온 이방 여인 다말의 배경을 이해하는 게 필요하다. 다말은 야곱과 레아의 넷째 아들인 유다의 장남 엘과 결혼했다. 그러나 엘은 악한 사람이었고 하나님이 그를 죽이셨다. 유다는 다음 아들에게 다말에 대한 의무를 다하라고 말했지만 오난은 불순종했고 하나님께서 다시 오난을 죽이셨다. 이제 다말의 남편이 될 수 있는 마지막 아들 셀라가 남았지만 그는 당시 너무 나이가 어렸다. 유다는 다말에게 이 사실을 알리고 친정에 돌아가 있으라고 말했다.

그러나 유다는 약속을 지키지 않았다. 다말은 자식이 없었고 게다가 버림도 받았다. 그런 다말이 임신을 했다. 임신해 자꾸 배가 불러왔다. 이 얼마나 수치스러운 일인가!

유다는 며느리가 임신했다는 소식을 들었을 때 격노했다. 며느리가 저지른 천한 스캔들을 믿을 수가 없었다. 격분해서 그녀를 불로 태워 죽이라고 명령했다. 다말은 시아버지에게 사람을 보내어 동봉한 끈과 지팡이와 도장의 주인이 바로 이 일에 책임이 있는 사람이라는 것을 알렸다. 그 물건들은 유다의 것이었다.

"유다, 당신이 바로 이 아이의 아버지입니다."

유다가 얼마나 당황했을지 상상해보라. 그런데 그녀는 왜 유다에게 책임을 돌렸을까? 그는 며느리에게 절대로 손을 댄 일이 없었다. 사실 그가 손을 댄 사람은…. 산지 성읍 길가의 창녀였다.

그런데 그 일의 결과가 이렇게 나타났다. 그는 그 여인이 다말일 것이라고는 꿈에서조차 생각해 본 적이 없었다. 유다는 자신의 죄뿐만 아니라 자신이 다말에게 약속을 지키지 않았다는 사실도 인정하지 않을 수 없었다. 유다는 셋째 아들을 다말의 남편으로 주지 않았다.

"나보다 옳다."라고 유다가 말했다. 버림받고 상처받았지만 약삭빠른 다말은 쌍둥이를 출산했다.[5]

'가공하지 않은'(naked) 가구를 본 적이 있는가? 그렇다면 그 가구에서 거칠고 니스 칠을 하지 않은 소나무 표면의 옹이(knot)를 본 적이 있을 것이다. 그러한 작품은 '천연 그대로의' 외관 때문에 매력적이다. 왜냐하면 많은 사람들이 그러한 작품을 가져다 '마감작업'하기를 좋아하기 때문이다.

성경의 인물들은 가공하지 않은 가구를 많이 닮았다. 모든 사람의 마음에는 옹이와 보기 흉한 소용돌이 문양 같은 것들이 있다. 동시에 하나님의 은혜도 분명히 있다. 이것은 성경이 다른 경전들보다 뛰어난 이유 중의 하나이다. 하나님을 따르려고 노력하는 사람들의 갈등에 대해 대충 얼버무리고 넘어가지 않는다. 성경은 예수님의 제자들을 완전한 사람으로 그리지 않고 있다. 당신과 나도 완전한 사람은 아니다. 하나님은 우리 안에서 일하시는 것처럼 그런 사람들 안에서도 일하신다.

다말의 이야기도 그런 이야기 중 하나이다. 라합처럼 그녀의 이야기도 아름답지 않지만 그녀는 예수님의 조상 중 한 명이다. 다말은 이방인이고 비유대인이었다. 한 사람의 여인으로서 그 사회에서 '인정' 받지 못하는 존재였다. 이야기가 아직 본격적으로 진행되지 않았지만, 다말도 라합처럼 이미 삶의 막다른 골목에 와 있었다. 그러나 여기에는 그 이상의 이야기가 있다. 가구는 시간이 지날수록 더 울퉁불퉁해지고 비틀려지고 보기 흉해진다. 당신이 아직 성경에서 그 다음 부분을 읽어본 적이 없다면, 그 이후의 이야기는 당신에게 충격이 될 것이다.

다말은 대단히 유명하고 신분이 높은 유대인 가정으로 시집을 갔다. 그녀의 남편 엘은 유다의 장남이었다. 유다는 아브라함의 손자이자 '이스라엘'로도 알려진 야곱의 아들이었다. 그야말로 엄청난 집안이었다. 하나님이 이 가문에 역사하고 계셨고 미래에 대해 엄청나고 구체적인 약속들을 주셨다. 이 약속은 중요해서 당신도 꼭 기억해 두어야 한다. 비록 이방인이었지만 다말은 그 약속을 충분히 알고 있었다. 너무나도 잘 알고 있었다.

다말의 시아버지였던 유다에게는 많은 형제들이 있었다. 그 형제들 중 한 명은 요셉이었고 그를 죽이기보다는 노예로 팔자고 한 장본인이 바로 유다였다. 그는 '거래하면 돈을 벌 수 있는데 굳이 죽일 필요가 있을까?'라고 생각하는 사람이었다. 교활하고, 이기적이고, 실용적이고, 어떤 상황에서든 내가 그런 상황에서 무엇을 얻을 수 있을까를 생각하는 사람이었다.

요셉이 애굽에 있던 시기에 유다는 방황했고 가나안 여인을 아내로 맞아들였다. 이방인 여인이었다. 그녀는 세 아들, 즉 엘과 오난, 셀라를 낳았다. 성경에서는 유다가 엘을 위해 이름이 다말인 "아내를 얻었다" 혹은 "구해주었다"라고 말하고 있다. 우리는 그녀의 삶이 어떠했을지 상상만 할 뿐이다. 엘과 다말의 만남은 오늘날과 같이 사랑에 빠져서 데이트를 하고, 사랑의 언어를 주고받고, 결혼 상담을 받으러 가서 성격 질문지에 답을 채워 넣는(물론 모든 커플에게 추천하는 바이다) 식의 만남이 아니었다. 당시의 문화에서는 아내는 '데려오는' 존재였다.

유다의 성향, 즉 그의 개인적인 스타일은 '흥정하는 사람'이었다. 우리는 다말의 아버지와 비용, 즉 다말의 결혼 지참금을 놓고 흥정하는 그의 모습을 상상해 볼 수 있다. 여하튼 유다는 하나님이 보시기에 그다지 선하지 않았던 아들을 위해 며느리를 데려왔다.

우리는 구체적으로 엘의 죄를 알지 못하지만 그는 여호와께서 보시기에 악했다. 주변의 악한 환경과 유다와 그의 형들이 저질렀던 악한 선택, 당시의 타락한 문화 때문에 엘은 두 배로 타락하게 된 것 같다. 사실 하나님은 단순히 엘에 대해 화를 내신 것은 아니었다. 그는 하나님의 인내의 선을 넘었고 하나님께서 죽이실 만한 큰 죄를 지었다. 엘의 죽음은 더 큰 선을 위해 목숨을 버리는 숭고한 희생이 아니었다. 하나님은 그의 악함 때문에 그를 죽이셨다. 하나님은 엘을 예수의 족보에 들지 못하게 하셨다.

그럼 아마도 다음과 같은 질문이 자연스럽게 나올 것이다. 너무 악하기 때문에 하나님이 사용하실 수 없는 사람도 있는가? 하나님이 제거해 버리고자 하는 구제불능의 사람들도 있는가?

하지만 알아야 할 것이 있다. 엘에 대한 하나님의 심판을 단지 하나님께서 죄의 문제를 얼마나 심각하게 다루시는지를 보여주는 예로만 생각하지 말라는 것이다. 사실 하나님은 당신과 내가 받아야 할 죄의 대가를 대신 치르시기 위해 당신의 아들을 십자가에서 죽게 만들었다. 하나님은 우리를 위해 그분을 정죄하사 우리를 하나님의 의가 되게 해주셨다.

어쨌든 우리로서는 하나님이 이 심판을 통해 엘이 예수님의 조상이 될 자격이 없다고 판단하셨다는 것과 또 다른 계획을 가지고 계셨다는 것만을 알 수 있을 뿐이다. 예수님은 어차피 이 족보를 통해 오시기로 되어 있었으니 말이다. 엘은 아이를 양육하기 전에 죽었기 때문에 오난이나 손아래 동생

셀라에게 그 책임이 돌아갈 것이다.

유다는 다음 순서의 형제인 오난에게 책임을 주면서 다말에게 아이를 갖게 하는 것이 그의 의무라는 것을 알려준다. 그러나 오난은 좋아하지 않았다. 왜 그가 형의 가문을 이어주려 하지 않았는지는 모르지만 그는 분명하게 거절한다. 이것은 또 하나의 가공하지 않은 가구에 대한 이야기이다. 오난은 자신의 씨를 땅에 쏟아 버렸다. 오난은 이 때문에 하나님의 진노로 죽고 만다.

두 형제와 그들의 죽음으로 말미암아 이 가문은 심각한 위기에 처하게 된 것처럼 보인다. 유다는 자신의 아들들이 차례로 죽는 것을 지켜볼 수밖에 없었다. 그는 다말에게 제일 나이 어린 동생인 셀라가 자라야 가문을 이을 수 있으니 기다리라고 말했다. 그녀는 친정으로 돌아가 애곡하며 기다린다.

비탄이 생기면 인간 마음에는 이상한 변화가 일어난다. 고난과 비난의 감정도 마찬가지다. 엘과 오난의 이기적 행동 때문에 다말이 얼마나 인내해야 했는지 상상이 간다. 다말은 시아버지의 말씀에 순종할 수밖에 없다. 그녀는 애곡하는 옷을 입고 기다린다. 그러다가 밤에 그녀는 통곡한다. 상처가

곪아 터진 것이다.

하나님이 자신의 백성에게 쏟아 부어주셨던 모든 축복을 받으며, 환상적인 결혼을 꿈꿨던 그녀의 인생은 산산조각이 났다. 그녀는 이 모든 일이 시작된 곳, 즉 친정으로 돌아와 있었다. 그것도 혼자서 말이다. 다말은 그 시대에 부와 축복과 번영을 의미했던 많은 아이들은커녕 무자식으로 돌아왔다. 그리고 이전에 속해 있던 부유하고 축복받은 이스라엘의 가족으로부터 버림을 받았다.

그 다음에 벌어진 일은 삼류 로맨스 소설과 비슷하다. 다말은 복수를 계획한다. 그녀는 자신이 원하는 것, 마땅히 받을 자격이 있는 것을 얻으려고 한다. 그 과정에서 그녀는 자신이 받은 대로 다른 사람들에게 갚아주려고 한다. 유다 가문으로 되돌아가려는 그녀의 계획에서 그녀가 얼마나 악을 악으로 갚는지 볼 수 있다. 그녀는 수단방법을 가리지 않고 약속받은 것을 얻어내었다.

그녀의 행동은 참된 믿음과는 반대되는 것이다. 그녀는 상황을 스스로 통제하고 있다. 그녀는 위장술을 쓴다. 하나님의 은혜와 긍휼은 살아있다. 아마도 다말에게 있어 오난과

엘의 죽음은 하나님이 그녀를 돌보시고 있다는 것을 보여주는 실제적인 사건이었을 것이다. 하나님은 마음이 상한 자와 상처 입은 자에게 다가가길 원하신다.

당신은 계획한 대로 진행되지 않는 상황을 통제하려고 해본 적이 있는가? 아브라함이 그러한 경우였다. 사라도 마찬가지였다. 그리고 여기서 다말도 그들의 발자취를 따르고 있는 셈이다.

다말은 유다 가문에서 받은 모욕 때문에 고통스러웠다. 그녀는 하나님께서 자신을 낮아지게 하시고 자신의 삶을 고통스럽게 하셔서 고통스러웠다. 죄인인 인간이 마음에 상처를 입고 상처가 아물지 않은 채로 시간이 흐르자 교활한 계획을 세우기 시작한다.

그런데 여기서 다말이 원하는 것을 하나님도 원하신다는 점을 기억할 필요가 있다. 그분은 구세주가 이 혈통에서 나올 것이라고 약속하셨다. 그러나 다말은 자신의 욕망에 눈이 멀어 자신의 인생을 통제하기 시작한다.

수년이 지났다. 킹 제임스 성경(영어 번역본 중 하나 - 역자 주)에서는 그녀가 많은 시간이 지나 잊혀진 여인이 되었다는 의미로 "시간이 지나가자"라는 표현을 사용하고 있다. 셀라는 이제 성년이 되었지만 남편으로 준다는 말이 들려오지 않자 다말은 자신이 움직여야 할 때라고 생각한다.

다말은 유다의 아내가 죽고 한동안 슬픔에 빠져있던 유다가 사업차 딤나로 온다는 소식을 들었다. "너의 시아버지가 양털을 깎기 위해 딤나로 오고 있다."는 말이었다.

다말은 미망인의 옷을 벗고 베일로 위장한다. 그러고는 유다가 통과할 길목으로 향한다. 그녀의 슬픔에서는 분노가 느껴진다. 물론 그녀에게는 분노할 권리가 있다. 하지만 그녀는 상황에 올바르게 대처하기보다는, 즉 비록 유다가 자신을 무시한다고 해도 직접 유다를 만나서 해결하기보다는 독자적으로 일을 추진하며 감정대로 행동한다.

그 땅을 여행하며 유다는 자신의 며느리의 고통은 전혀 생각하지 않았다. 온갖 다른 일로 머리가 복잡했던 유다에게 산지 성읍 길가의 창녀가 눈에 들어왔다. 그는 옆길로 새서 그녀를 만나고 자신의 아들 엘을 위해서 했던 것처럼 그녀를 데리고 간다.

유다는 "나로 네게 들어가게 하라"고 말했다. 그는 그 여자가 며느리인 것을 몰랐다. 그녀는 "당신이 무엇을 주고 내게 들어오려느냐"고 묻는다. "내가 내 떼에서 염소 새끼를 주리라"고 그는 대답한다. 그러나 그녀는 "당신이 그것을 줄 때까지 담보물을 주겠느냐"고 다시 묻는다. 유다는 "무슨 담보물을 네게 주랴"고 되묻는다. 그러자 그녀는 "당신의 도장과 그 끈과 당신의 손에 있는 지팡이로 하라"고 대답한다. 그래서 유다는 그녀에게 그것들을 주고 하룻밤을 보내었고 그녀는 임신했다.

그녀는 유다가 올 것을 알고 길 옆에 앉아 있었고 그의 성향을 이용해서 마침내 약속받은 것을 얻어냈다. 그녀는 자신의 것이라 믿었던 유다 혈통의 씨를 받았다. 유다를 속여서 얻어내고 만다. 술수와 속임수와 성을 이용해 꾸민 일이었다.

이런 유다를 우리는 어떻게 이해해야 할까? 그가 창녀에게 제안하는 것을 보면 그의 마음 상태, 즉 그 가문의 영적 상태를 엿볼 수 있다. 하나님은 거룩하신 분이시기 때문에 유다와 다말과 몇몇 사람들을 죽이셔야 마땅했다. 어떻게 하나님께서 이들을 사용하실 수 있겠는가? 왜 하나님은 이런 콩가

루 집안을 예수님의 족보에 두셨을까?

그 이유는 이렇다. 이 사람들이야말로 그분의 은혜를 완벽하게 보여주는 사람들이기 때문이다. 당신이 다말처럼 얼굴을 베일로 감춘 일을 한 적이 있다면 이 사실을 기억하라. 당신은 용서받을 수 있다. 하나님은 자신의 죄, 즉 자신의 타락을 인정하는 사람들에게 자비를 베푼다. 그분에게 자비를 구하면 하나님께서는 주실 것이다. 예수께 올 힘조차 없어서 실려 와야 했던 중풍병자처럼, 하나님은 당신 안에 정결한 마음을 창조하실 것이다.

석 달 후, 유다는 다말이 임신했고 음행의 죄를 범했다는 소식을 듣게 되었다. 다말의 상황은 엄청나게 절망적이었다.(유다는 '성전 매춘부'에게 비용을 보냈지만 아무도 그녀를 알지 못했다. 그들은 그녀를 찾을 수 없었다.) 유다는 그 소식에 격노했고 다말을 끌고 와 불태워 죽이라고 명령했다.

이 가문에서는 자비와 관심을 찾아볼 수 없다. 그녀가 끌려왔을 때 그녀는 유다에게 도장, 끈, 지팡이를 내보이며 "나는 이 물건의 주인 때문에 임신했다"고 말했다.

그 말을 듣는 순간의 유다의 얼굴 표정을 상상해보라. 그는 성적 죄의 그물에 빠졌다. 다행히 그는 보복하지 않았다. 자신의 잘못을 덮으려고 하지 않았다. 그는 단순히 "그는 나보다 옳도다. 내가 그를 내 아들 셀라에게 주지 아니하였음이로다."고 말했다. 유다는 자신의 진실을 보았다.

쌍둥이 아이가 태어났다. 베레스와 세라. 이 두 아이들은 자궁에서도 이 가문의 사람들처럼 다투었다. 이방 여인은 시아버지에게 약속을 지키게 하기 위해 그를 유혹했다. 그녀는 그를 속이기 위해 성을 이용했다. 그녀는 학대받고 잊혀졌다. 당신은 오늘날 누가 이러한 종류의 사람이라고 생각하는가?

잠언 30장은 세상을 진동시키는 세 가지를 기록하고 있다. 그 중 하나는 '미움 받는 여자가 시집간 것'이다. 이 사람이 바로 다말이다. 우리는 그 사건 이후 그녀의 삶에 어떤 일이 있었는지 확신할 수 없다. 우리는 듣지 못했다. 그러나 그녀의 이야기는 오늘날 우리에게 메시지를 던지고 있다. 그녀의 삶은 하나님의 은혜를 보여주고 있다. 우리가 원하는 참된 사랑을 발견할 수 있는 곳은 오직 그곳뿐이다. 우리는 오로지 하나님의 은혜 안에서만 그러한 사랑을 발견할 수 있다.

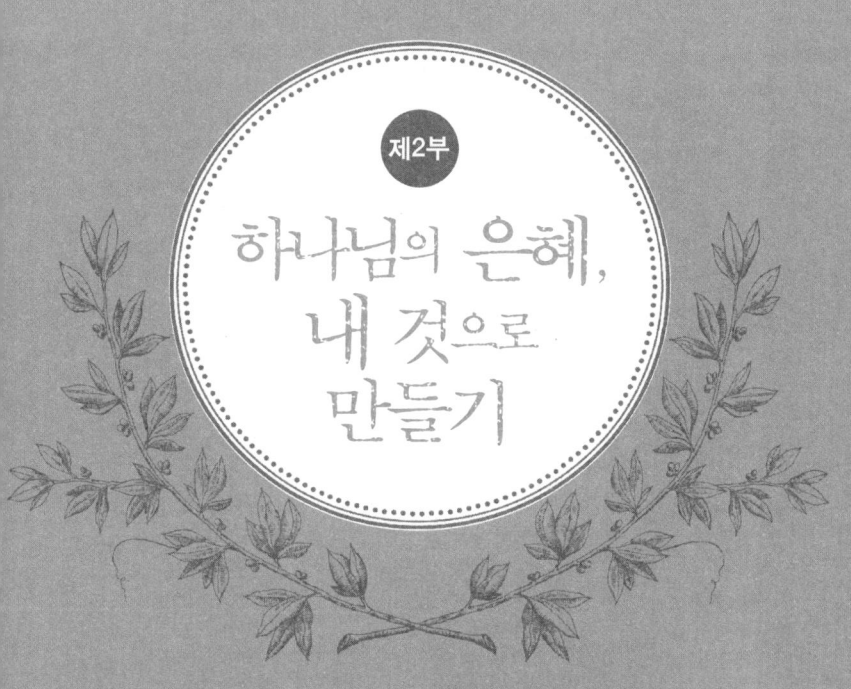

제2부

하나님의 은혜,
내 것으로
만들기

구원받는 믿음이란
하나님의 은혜로 그분만을 영접하고 받아들이고 의지해서
칭의, 성화, 영생을 얻게 하는 그리스도께 대한
즉각적인 반응이다.

- 찰스 스펄전

제5장

은혜의 적용, 시편 51편

다윗

이 이야기를 도대체 어디서부터 시작해야 할까? 당신은 다윗과 같은 삶을 살아왔는가? 그에게는 자원하는 심령이 있었다. 하나님에 대한 열망이 있었다. 마음이 가난한 사람이었다. 그는 거인 골리앗과 싸웠고 두려움 때문에 탈진되지 않았다.

다윗은 감성적인 사람이었고 사울 왕을 위로한 음악 전문가였다. 부름을 받아 이스라엘의 왕으로 기름부음을 받을 때까지 양을 돌보는 목동의 마음으로 살아온 사람이었다.

다윗은 존경할 만한 마음을 가진 사람이었다. 사울 왕을 죽일 수 있는 기회가 있었지만 하나님이 세우신 지도자라고 생각해서 해치지 않았다. 그의 마음에는 사랑이 있었다. 요나단과의 우정, 그의 아들 므비보셋에 대한 약속에서 그의 자비와 신실함을 볼 수 있다.

그러나 다윗은 밧세바의 이야기에서 볼 수 있듯이 그 마음을 끝까지 지키지는 못했다. 다윗은 자신의 부하 우리아의 집을 내려다보다가 욕망에 사로잡혀 하나님과 자신의 부하를 배반하게 되고 진실, 사랑, 신실함에서 떠나게 되었다. 이 모든 것은 가져서는 안 되는 우리아의 아내를 갈망하는 마음의 욕망 때문이었다.

어떤 의미에서 다윗의 이야기는 아담과 하와의 거울과 같다. 그들은 금지된 것을 먹었다. 하나님의 명령에 불순종하자 그들의 눈이 열려 재앙이 임했다. 다윗의 죄는 이스라엘 백성들 위에 긴 그림자를 드리웠다.

그러나 하나님은 다윗의 마음을 변화시켜 주셨다. 다윗에게 좋은 소식은 우리에게도 좋은 소식이다. 다윗은 회개했고

이것은 하나님께서 사랑하시는 일이다. 하나님은 깨어지고 통회하는 마음을 가진 사람들에게 응답하신다.[6]

고통과 실패의 배경에는 은혜가 숨어 있다. 고통과 실패의 이면을 들여다보면 기쁨과 소망이 있지만 깊은 회개에 이르기 전까지는 그것을 경험할 수 없다. 실패는 은혜가 자라나는 토양이다. 은혜는 소망을 잃어버리고 아이처럼 의자에 털썩 주저앉아 있는 사람에게 임한다.

"나는 실패자입니다."라고 다윗은 말한다.

상담자인 나단은 "왜 그렇게 말하죠?"라고 묻는다.

"사실이니까요. 내가 이루었고 이루려고 했던 모든 것들이 이제는 다 끝이 났습니다. 이제는 결코 과거의 모습으로 되돌아 갈 수 없습니다. 이것은 결코 내가 되고 싶었던 모습이 아닙니다. 나의 아이들이 나를 어떻게 생각할까요? 그들에게 무엇을 유산으로 남겨줄 수 있을까요?"

그는 이 모든 것을 가진 사람이었다. 능력 있고 유능한 지도자였다. 그는 전쟁에서 사람들을 이끌었다. 사람들은 그의 손에 자신의 생명을 맡겼다. 사람들은 그를 위해 피를 흘렸다. 단순히 존경하는 정도가 아니라 그를 좇아서 엄청난 학살에 가담했다. 사람들은 두려움이나 의무 때문이 아니라 이 정열적인 지도자에게 자신의 마음을 바쳤다.

그러나 그가 실패한 것은 대적의 칼이나 화살 때문이 아니었다. 그가 입은 상처는 깊고 치명적이었다. 그는 그 구덩이에서 빠져나올 수 없었다. 그는 무서운 실수를 했다. 남성적이고 잘 생겼으며 위대해서 결코 실수할 것 같지 않은 사람의 두려움과 약점을 절망스럽게 드러낸 실수였다. 그의 능력의 한계가 드러난 것이다.

하지만 자신의 한계야말로 은혜를 경험할 수 있는 좋은 장소이다. 그에게는 지식 이상의 것이 필요했다. '경험적인' 은혜가 필요했던 것이다. 그는 상실감에 빠져서 어쩔 줄을 몰라 했다. 그의 선택은 파괴적인 결과를 가져왔다. 그가 앉아 있는 모습과 말하는 모습에서 그의 상처가 보였다. 마치 온 몸의 피가 빠져나온 것처럼 그에게는 생기가 없었다.

"나는 이제 결코 과거에 가졌던 것을 다시는 회복하지 못할 겁니다."

"당신은 자신이 어떤 사람이라고 생각하십니까?"

그가 세워놓은 인생의 탑은 무너져서 돌무더기로 전락했다.

"당신은 내가 누구인지 압니다."

"나는 당신의 과거와 평판과 선한 일과 나쁜 일을 알고 있습니다. 하지만 나는 당신이 스스로를 어떻게 생각하고 있는지를 알고 싶습니다."

실패를 모르던 이 근육질의 남자가 의자에서 일어난다. 그를 무너뜨린 것은 강한 적이 아니었다. 강인하고 잘 생긴 외모를 넘어서 내적으로 분노하게 만든 것은 좌절감이다. 주변에서도 이러한 경우를 많이 볼 수 있다. 나는 그것을 '율법의 효과'라고 부른다. 화려한 경력을 자랑하는 사람들은 바위에서 쉽게 뛰어내린다.

남자들은 주변의 사람들과 자신의 삶이 다른 사람에게 미치는 영향력을 바라보면서 자신의 삶 가운데 일어난 모든 실패가 자신의 진정한 모습이라고 믿는다. 그리고 하나님도 자신을 그렇게 평가하신다고 느낀다. 하나님도 자신을 패배자로 여긴다고 믿는 것이다.

인간이 어떻게 실패하지 않을 수 있겠는가? 전능자가 모든 것을 보시고 아신다면 우리의 죄는 감출 수가 없다. 그것이 어떻게 가능하겠는가? 죄는 장님이라도 볼 수 있을 만큼 그렇게 분명하다. 하나님은 거룩한 분이시다. 그분은 죄의 문제를 간과하실 수 없는 분이시다.

인간으로서 우리는 그 사람의 행동과 과거로 그 사람을 바라보고 평가한다. 그래서 우리는 실패하고 고통을 겪을수록 더 성공하려고 노력한다. 눈물의 선지자인 예레미야는 다음과 같이 말했다.

> "주 여호와의 말씀이니라 네가 잿물로 스스로 씻으며 네가 많은 비누를 쓸지라도 네 죄악이 내 앞에 그대로 있으리니."(렘 2:22)

우리는 훔친 초콜릿 막대 아이스크림이 잔뜩 옷에 묻은 아이와 같다. 폭약 도둑은 폭약을 자신의 모든 손에 묻힌다. 이 모든 것을 하나님이 보고 계신다. 수세기 동안 하나님과 동행한 사람들도 자신을 이렇게 여겼다. 스스로를 카펫을 더럽힌 한 마리 개처럼 여겼다. 하나님은 그 개를 발로 차면서 그 얼룩을 가르키고 있는 것처럼 여겼다. "계산서를 청구하세요!" 사람들은 이렇게 느끼고 있다. 하지만 이들은 자신이 하나님의 은혜를 받을 수 있다는 사실을 모르고 있다.

"이제 내 인생은 끝났어요."
"그래요? 끝은 새로운 출발이라는 것도 알고 계시죠?"
말을 했던 상담자가 나를 쳐다보았다.
"제 말의 의미를 잘 모르시는 것 같네요."
내가 대답했다.
"당신이 저지른 잘못, 즉 당신의 실패 때문에 당신을 향한 하나님의 부르심도 실패한 것은 아닙니다. 당신을 향한 부르심이 당신을 이끌고 나갈 것입니다."
그는 여전히 내 말을 부정하고 있었다.
"당신은 이해할 수 없어요. 당신 역시 내가 한 짓을 받아들이지 못할 겁니다."
그는 뼈마디가 쑤시고 목이 뻐근한 듯 억센 손으로 목을 문질렀다.
"하나님의 약속이 끝이라고요? 당신은 강인한 사람이에요."

그는 나를 흘깃 쳐다보더니 실패한 자아 속으로 들어가 침묵해 버렸다.

깨달음이 오면 내면에서 불꽃이 일기 시작한다. 눈이 빛나기 시작한다. 마음을 변화시키는 것은 항상 이야기이다. 그 이야기는 이러하다.

"두 사람이 있었습니다."

나는 이야기를 시작했다.

"한 사람은 모든 것, 즉 양과 소를 가지고 있었습니다. 하지만 다른 한 사람은 매우 애지중지 하는 작은 어린양 한 마리만 갖고 있었죠. 그 사람은 아이들과 함께 그 암양을 길렀습니다. 그에게 있어 그 양은 딸과도 같았습니다. 한 나그네가 부자의 집으로 찾아왔습니다. 모든 것을 갖고 있던 부자는 자신의 양떼와 소떼 중에서 나그네에게 대접할 양을 잡지 않고 가난한 다른 한 사람의 암양을 빼앗아 식탁에 올립니다."

이것은 하나님이 돌과 같은 마음을 깨뜨리시는 방법이다. 이 이야기는 그 왕국에서 가장 힘 있는 사람에 관한 이야기였다. 그 이야기는 그에게 의로운 분노와 열정을 불러 일으

컸다.

우리는 이 이야기가 '멀리 떨어져 있는 다른 누군가의 이야기'가 아니라는 사실을 깨닫게 된다. 이 이야기는 우리의 혼적, 즉 우리의 죄에 관한 이야기라는 것을 깨닫게 된다.

그는 넘어졌다. 그는 자신의 소유가 아니며 합법적으로 가질 수 없는 것인데도 욕망에 눈이 멀어 가져서는 안 될 것을 취했다. 너무 좋아서 포기할 수 없었고, 포기할 수 없게 되자 그것을 지키기 위해 살인을 저질렀다. 부자는 많은 양을 갖고 있었지만 자기 것이 아닌 것으로 나그네를 대접했다. 그의 행동은 다른 사람들에게 영향을 미쳤다.

다윗은 다른 사람의 아내를 훔쳤다. 자신에게 충성을 맹세했으며 자신을 위해 희생을 아끼지 않았던 사람에게 나쁜 짓을 했다. 다윗은 부자였다. 하지만 우리아는 가난했다. 다윗의 배신은 정욕으로 인해 시작되었고 그 정욕은 우리아의 삶에 재앙을 불러왔다.

죄를 껴안으면 영적 죽음이 온다. 죄의 유혹은 당신이 원하는 것을 줄 것처럼 보이지만 사실은 원하지 않는 것을 받게 만든다. 죄는 당신을 타고 다른 사람에게 흘러가며 영향을 끼친다.

"만약 그 선택을 되돌릴 수 있다면, 그 일을 처음부터 다시 시작할 수 있다면…"

다윗은 조용히 되뇌인다.

"그럴 수는 없습니다."

상담자이자 예언자인 나단은 자기 앞에 있는 사람을 내려다본다.

"나는 군대를 무찔렀고 거인도 쓰러뜨렸습니다. 단지 물매와 돌만 가지고. 나는 왕의 어마어마한 분노도 피했고 엄청나게 많은 승리도 거두었습니다. 그러나 나는 내 마음을 정복하지 못했습니다. 나는 내 안의 적을 쓰러뜨리지 못했습니다. 골리앗의 머리처럼 나의 영혼도 잘려나갔습니다. 나의 죄가 나를 조롱하고 있습니다."

다윗이 탄식했다.

"하지만 당신은 이것을 원상태로 되돌릴 수가 없습니다. 이제 이것은 당신 인생의 일부입니다. 그렇지만 아직 끝은 아닙니다."

"왜 끝이 아니죠?"

다윗이 내뱉듯이 물었다.

"하나님께 마음을 쏟아놓으세요. 지금 당신의 마음은 어떤가요?"

나단이 질문했다.

다윗의 얼굴에 눈물이 흐르고 몸은 흔들렸다. 내면을 휩쓸고 있는 격정적인 감정 때문에 다윗은 간신히 이렇게 말한다. 긴 고백이 흘러나왔다.

"회개합니다. 나는 내가 한 행동을 회개합니다. 우리아와 밧세바에게, 그녀를 이렇게 만든 것, 그리고 국가와 하나님께도."

"하나님께 고백하세요. 있는 그대로 고백하세요."

다윗은 몸을 흔들며 심하게 흐느끼면서 소리쳐 운다.

"오, 하나님! 저를 긍휼히 여겨주소서. 당신을 기쁘게 하지도 순종하지도 않았지만 당신의 한없는 사랑으로 저를 긍휼이 여기소서. 당신은 긍휼이 풍성하신 분이시니 용서를 베풀어 주옵소서. 나의 마음과 인생에서 이 죄악을 씻어주소서. 저를 씻어주옵소서. 오, 하나님! 저는 당신 앞에 아무것도 아니며 추악하오니 나를 정결케 하소서.

오, 하나님! 저의 죄악이 얼마나 추악한 것인지 알고 있습니다. 제가 눕고 일어나는 매일 매 순간마다 이 죄악 때문에 재앙을 당합니다. 당신 앞에서 제가 악을 행했으므로 저를 판단하시고 심판하신 것입니다. 제가 어머니의 자궁에 있을 때 저는 이 죄에 물들어 있었고 지금도 그 가운데에 있습니다. 저는 당신을 떠나서는 의의 소망이 없습니다. 용서받을 소망도 없습니다. 희망이 없습니다.

저를 정결케 하시고 씻어주옵소서. 당신이 아니면 저는 정결할 수 없습니다. 저는 다시 듣기를 원하며 다시 기쁨을 회복하길 원하며 생명과 건강과 기쁨과 선함을 맛보고 싶습니다. 나의 뼈가 아프고 나의 몸은 망가졌지만 당신은 저를 기쁘게 하실 수 있는 능력의 하나님이심을 압니다.

죄를 돌아보지 마시고 계수하지 마옵소서. 오, 하나님! 저의 모든 악함을 제하여 주시고 제 안에 정결한 마음을 창조하시고 신실한 영을 새롭게 하여 주옵소서. 신실하게 살게 하옵소서. 저의 속사람을 당신의 용서와 구원의 기쁨으로 회복시키시고 당신을 따를 수 있는 마음을 주옵소서.

나의 삶, 나의 본보기 때문에 넘어진 사람들이 교훈을 받고 소망을 가지고 당신께 돌아가게 하옵소서. 당신의 사랑과 자비에 의지해서 다시는 저의 모든 죄, 제가 흘린 피, 제가 저지른 잘못에 대한 죄책감으로 살지 않게 하옵소서.

다시 한 번 주의 음성을 회복시키소서. 나의 입술을 여사 당신의 이름을 말하게 하옵소서. 저는 당신의 선하심과 자비를 노래할 것입니다."

이것이 바로 은혜의 길이다. 그는 알지 못했지만 그의 고백조차도 그분의 은혜이다.

사람들은 시험을 받을 때 욕망에 유혹되어 끌려 다닌다. 욕심이 잉태한즉 죄를 낳는다. 그리고 죄는 죽음을 낳는다. 밑으로 향할수록 상황은 악화된다. 유혹을 받고 품으면 그 유혹이 우리를 죄어오면서 욕망의 노예가 되고 죽음에 이르게 한다. 이것이 당신의 영혼의 대적이 쓰는 방법이다. 대적은 죽이고 훔치고 파괴하고 싶어 한다.

하지만 당신의 영혼을 사랑하시는 분은 정반대이시다. 죽음 대신에 생명, 그것도 풍성한 생명을 주어서 흘러넘치는 삶을 살게 하신다. 은혜를 받고 은혜를 소유하면(즉, 은혜의 충만한 빛 가운데 살아가면) 은혜를 흘려보내는 능력을 소유하게 된다. 그리스도의 하신 일과 죄 없으신 그분의 희생을 믿으면 하나님의 은혜를 경험하게 되고 그 능력 안에서 살아가게 된다. 죽음이 아니라 생명 안에서 살아가게 된다. 그리고 그 생명을 다른 사람에게 전하지 않을 수 없게 된다. 이것이 바로 은혜의 능력인 것이다. 은혜를 막을 수 있는 것은 아무것도 없다.

다윗은 손으로 머리를 가린 채 앉아 있었다. 그는 울고 있었다. 유혹에 끌려 다니다 결국에는 밧세바와의 사이에서 낳은 첫 아들을 잃어버렸다. 그는 자신의 부하 우리아를 죽게 만들기 위해 최전방으로 내 보내라는 명령을 내렸다. 밧세바를 생각하면 자신의 죄가 떠올랐다. 자신의 무분별했던 행동이 생각났다. 적나라한 자신의 모습을 대면하게 되었다.

"어떻게 해야 합니까?"

다윗이 말한다.

"이미 저질러진 일입니다."

나단이 대답한다.

"회개를 한다면요?"

"회개할 뿐만 아니라 하나님이 왕의 기도를 들으실 것이라는 믿음이 있어야 합니다. 하나님은 왕의 간구를 받으실 겁니다. 마음속의 어떤 것이 왕을 하나님으로부터 멀어지게 하는 것이 아니라 오히려 하나님께로 이끌 것입니다."

"믿음을 말하는 겁니까?"

"그것은 일부분이며 왕의 행동의 중심에, 왕의 내면에 하나님의 역사가 있어야 합니다. 하나님은 이 이야기를 통해 왕의 죄를 드러내주시고 믿을 수 없을 만큼 자비를 베푸셨습니다."

"어떤 자비요?"

"끝까지 가도록 버려두지 않으셨습니다. 하나님께서 친히 돌이키게 하셔서 생명, 즉 새 생명으로 불러주셨습니다. 당신의 마음을 상하게 하셨지만 더 좋은 것으로 갚아 주실 겁니다. 이렇게 부서지지 않았다면 온전하게 될 수 없었을 것입니다. 당신이 선택한 것이 무너지지 않았다면 당신은 생명을 선택하지 않았을 것입니다."

"그녀는 어떻게 되죠? 그녀의 배에서 자라는 아이는요?"

"하나님께서 약속을 지키시는 분이시라는 것을 믿습니까?"

"하나님은 무엇이든 하실 수 있습니다. 나는 그분을 의심하지 않지만, 나 자신과 내가 어디에 있어야 하는지에 대해서는, 그분의 계획이 무엇인지는 잘 모르겠습니다."

"하나님을 신뢰하면 자신에게 의지할 필요가 없습니다. 그분이 행하실 것입니다. 파멸에 이르게 한 당신의 이 선택과 불신앙을 통해서도 하나님은 역사하실 것입니다. 이것이 바로 하나님께서 당신에게 주신 은혜입니다. 자신의 뼈 속까지 하나님의 은혜로 채우세요."

하지만 다윗은 나단의 말을 이해하지 못한다. 우리 역시 여전히 이해하지 못하고 있다. 그러나 괜찮다. 이것이 은혜의 길이요, 은혜의 비밀이다.

> "내가 의인을 부르러 온 것이 아니요 죄인을 불러 회개시키러 왔노라."(눅 5:32)

누구도 하나님의 사랑에서 벗어날 수는 없다. 하나님은 우리의 죄 때문에 관계를 단절하는 분이 아니시다. 그분은 기꺼이 우리를 자신에게로 돌이키게 하시는 분이다. 하나님은 다윗이 통회하자 다윗을 그냥 왕의 자리에 두셨다.

하나님은 기꺼이 용서하시며, 적극적으로 우리와 관계를 맺으시며, 기꺼이 우리를 당신의 영원한 가족으로 택해주신다. 회복은 기다림이다. 새 생명도 기다림이다. 그분의 은혜를 받으라. 부르짖어 자비를 구하라. 은혜는 아침마다 새롭다.

제6장

욕망을 벗어나 은혜에 압도 당한 여인

밧세바

그녀는 왕의 위엄을 본다. 그녀는 자신의 아이가 왕이 되기를 기대하고 있다. 그녀는 이제 너무 늙었고 자신이 사랑했던 남자의 죽음을 앞두고 있다. 그 남자의 선택이 모든 것을 바꾸어 놓았다.

그녀는 자신에게 일어났던 일들, 즉 그녀가 늪처럼 통과해 온 고통들, 절대로 일어나기를 바라지 않았던 끔찍한 일들을 되돌아보고 싶지 않았다. 그런데 그 모든 사건을 기억나게 하는 소리가 떠오른다. 눈을 감자 순식간에 집에서 목욕하고 있던 바로 그 당시의 시간으로 되돌아간다.

다윗의 가문에 암흑이 덮친 것은 그녀의 목욕이 시작이었다. 그녀는 이 사실을 알고 있었다. 그녀는 아브라함으로까지 올라가는 이 가문에 흐르는 악순환을 느낄 수 있었다. 첫 아들을 잃고 나서 자신을 휩쓸고 간 분노의 파도 같은 죄의 무게를 느낄 수 있었다.

용사의 딸이자 용사의 아내이며 왕의 아내인 밧세바, 하지만 간음한 사람의 아내. 어떻게 그러한 일이 일어났을까? 잠시도 뇌리에서 떠나지 않는 이 진실에서 그녀가 어떻게 피할 수 있겠는가? 다윗은 그녀를 왕궁으로 데려와 취하는 죄를 범했다. 그녀의 아름다움에 그는 미혹되었다. 그러나 예쁜 것 자체가 죄인가?

그녀는 임신했고 왕은 자신의 죄를 덮으려고 했다. 다윗은 그녀의 남편 우리아에게 최전방에서 돌아와 그녀와 잠자리를 가지라고 명했지만 그는 그렇게 하려고 하지 않았다. 자신의 부하들은 전장에서 싸우고 있는데 자신만 편하게 아내와 잠자리를 가질 수는 없었다. 어쩌면 우리아는 눈치를 챘는지도 모른다.

어쨌든 다윗은 그를 최전방으로 보내 죽게 만들었다. 그리고 아기는 자라났다. 선지자가 와서 다윗의 마음을 찢어놓는 이야기를 전했다. 그는 통곡하면서 회개했다. 하지만 아이의 목숨을 구할 수는 없었다. 밧세바의 아들이 태어났지만 태어난지 일주일 만에 죽었다. 많은 눈물과 고통과 의문들이 계속되었다. 이후 그녀에게는 또 다른 아들인 솔로몬이 태어났다. 하지만 밧세바의 마음 한구석에는 항상 의문이 자리하고 있었다.[7]

하나님이 내게 화가 나셨을까? 지난 일 때문에 나는 벌을 받고 있는 것이 아닐까? 당신도 그런 질문을 해본 적이 있는가? 자신의 삶에 좋지 않은 일이 일어났는데 당신은 아무렇지도 않게 살 수 있을까? 죄를 지은 후에도? 당신은 그 행동 때문에 항상 심판을 받아야 한다고 생각하는가?

'밧세바'라는 이름을 들으면 어떤 생각이 드는가? 솔직히 말해 보라. 아마도 당신에게 든 첫 번째 생각은 '역사상 가장 현명했던 솔로몬 왕의 어머니'가 아닐 것이다. 그것은 다윗의 유혹과 임신, 그리고 남편의 죽음일 것이다. 여기 성과 간음, 욕정과 살인에 대한 부도덕한 이야기가 있다.

솔로몬의 아버지는 다윗이었고 그의 어머니는 우리아의 아내였던 밧세바였다. 예수의 가계에는 거짓말쟁이, 사기꾼, 간음한 사람, 살인자들이 포함되어 있다. 하나님의 종으로 유명했던 다윗이 커다란 죄에 빠졌다. 자신의 권력과 힘을 이용해 밧세바를 빼앗고 충성스런 그녀의 남편에게 극악한 죄를 저질렀다. 그것은 하나님에 대한 대적행위였다. 그는 처참하고 심각한 실수를 했다.

이 이야기에서 밧세바의 역할은 무엇이었는가? 우리는 그녀의 삶을 통해 하나님의 은혜를 맛볼 수 있을까? 밧세바는 마태복음 1장의 예수님의 계보에서 언급된 다섯 여인 중 한 명이다. 그녀는 군인 가족이자 좋은 가문의 여인이었다. '30인'으로 알려진 엘리트 그룹에 속한 용사의 딸이자 다윗의 군 수뇌부 중 한 명의 손녀였다. 그리고 유명한 용사였던 우리아와 결혼했기 때문에 그녀의 삶은 전쟁을 하는 남자들로 가득 차 있었다.

그녀는 아름다웠다. 다윗은 그녀에게 반해 욕정에 휩쓸

렸다. 그녀는 단순히 희생자였을까? 어떻게든 다윗과 연루될 수밖에 없는 운명이었을까? 성경은 다윗이 그녀를 보았고 원했다고 진술하고 있다. 그는 자신의 힘과 영향력을 그녀에게 사용했다. 그는 밧세바가 신뢰할 수 있는 대상이었기에 궁전으로 오라는 명령에 즉시 순종했다. 거기로 초대받는 것은 명예로운 일이었다. 그러나 그녀는 어쩌면 두려웠을지도 모른다. 하지만 걱정은 되어도 왕을 두려워하지는 않았을 것이다.

그녀는 다윗을 존경했다. 소녀시절부터 골리앗을 이긴 다윗의 승리에 대한 이야기를 들었을 것이다. 사무엘이 다윗에게 기름 부은 것과 사울이 다윗을 쫓던 이야기, 그리고 다윗이 왕이나 하나님의 명예를 떨어뜨리지 않기 위해 행동한 것들에 대해 들어서 알고 있었을 것이다. 그녀는 이 강한 전사이자 하나님의 사람을 존경했을 것이다. 그녀의 남편인 우리아도 다윗과 함께 한 전쟁 이야기, 다윗과 신하들의 용맹스러운 이야기들을 통해 자신의 충성과 신뢰에 대해 이야기했을 것이다. 그래서 왕의 부름을 받았을 때 그녀는 주저하지 않았다.

우리는 다윗이 어떻게 그녀에게 다가갔는지, 혹은 그녀가 저항을 했는지에 대해서는 알지 못한다. 이들의 대화나 유혹의 장면 같은 것은 나타나지 않는다. 그런 것은 로맨스 소설에나 나올법한 이야기들이다. 다윗은 그녀에게 강요했을까? 그녀는 저항을 했을까? 처음에는 저항했지만 결국 힘과 욕정에 굴복하고 말았을까? 알 수 없다. 다만 우리는 다윗이 그녀와 잤다는 것만을 알고 있을 뿐이다.

어떤 사람들은 밧세바가 음녀라서 궁에 들어가기 위해 의도적으로 다윗을 유혹했을 것이라고 추측한다. 하지만 진실이 무엇이든 다윗에게는 책임이 있다. 여자는 물건이 아니다. 그녀의 목욕 장면을 보면서 죄에게 문을 열어주었기 때문에 가지지 못한 것을 탐내기 시작했고, 결국 하나님의 법을 깨뜨리는 행동을 했다.

죄는 은혜의 반대쪽에 있다. 죄는 인간의 마음을 유혹하고 혼란스럽게 만들어서 결국은 하나님을 떠나도록 만든다. 죄를 받아들이면 영적인 죽음에 이르고 주변 사람들에게 고통과 아픔을 준다. 하지만 은혜는 죄 가운데 있는 사람들에게 자유와 생명을 준다.

다윗은 이미 아내들과 첩들이 있었지만(이것이 더 많은 질문을 일으킨다), 자기가 갖고 싶었던 밧세바까지 얻게 된다. 자기 것이 아닌데도 탐했다. 다윗이 자신의 죄가 가져올 엄청난 영향을 미리 예견할 수 있었다면 다른 선택을 했을까? 이 도덕적 실패의 결과는 잉태된 아이와 밧세바에게도 영향을 미쳤고 우리아는 죽임을 당했다. 다윗은 전우를 죽인 것이다.

다윗은 우리아가 자기 아내와 자면 자신의 죄를 덮을 수 있을 것이라고 생각했다. 그래서 우리아를 전방에서 돌아오게 했지만 그는 아내와 동침하지 않았다. 자신의 부하에 대한 우리아의 신실한 마음이 운명을 바꾸어 놓았다. 이 사건 이후에 일어난 자세한 이야기와 다윗 때문에 가문에 퍼진 악영향에 대한 이야기를 읽어보라.

하지만 다윗은 용서를 받았다. 자비와 은혜를 입었다. 그러나 자기 것이 아닌 것을 얻으려고 권력과 권위를 남용한 다윗의 잘못은 참혹한 결과를 가져왔다. 밧세바는 남편을 잃고 통곡했다. 그녀가 슬픔을 다스리는 동안 이 사건을 계속 떠올리게 만드는 아이는 뱃속에서 자라났다. 나단 선지자가 다윗에게 말했다.

"여호와께서도 당신의 죄를 사하셨나니 당신이 죽지 아니하려니와 이 일로 말미암아 여호와의 원수가 크게 비방할 거리를 얻게 하였으니 당신이 낳은 아이가 반드시 죽으리이다."(삼하 12:13-14)

다윗이 회개하자 용서를 받았지만 그가 한 행동에는 죽음이라는 결과가 뒤따랐다. 음란은 그것을 범하는 사람에게만 영향을 끼친다고 생각하면 착각입니다. 음란은 자신의 마음과 가족에게 파괴적이고 부정적인 영향을 끼친다. 간음은 성행위에 관련된 두 사람에게만 영향을 끼치지 않는다. 생명이 순간적인 욕정으로 파괴되었다.

밧세바는 아이가 자라면서 발로 차기 시작하자 최소한 자신에게 이 아이를 양육하고 사랑할 수 있는 권리는 있다고 생각했을 것이다. 하나님이 모든 것을 빼앗아 가셨기 때문에 이 작은 위로는 허락하실 거라고 생각했을 것이다. 그들은 그 아이의 이름을 뭐라고 지었을까? 과연 많은 시간이 흐르면 그 아이를 바라보면서 수치와 슬픔을 느끼지 않을 수 있었을까?

그녀는 아이를 출산했고 아기가 젖을 빨고 병에 걸리는 것을 지켜보았다. 다윗은 하나님께 간구했다. 베옷을 입고 금식하며 아이의 생명을 구해달라고 부르짖으면서 밤을 지새웠다. 하지만 7일째, 선지자의 예언은 이루어졌고 아이는 죽었다.

당신이 밧세바의 처지라면 어떻게 반응할까? 슬픔이 너무 커서 비통에 빠질까? 하나님을 원망할까? 소리 지르며 "왜?"라고 질문할까? 하나님 탓을 할까?

그 아이가 죽은 것은 하나님의 뜻일 수도 있다. 하나님은 아이가 출생하자마자 치실 수도 있으셨다. 그러나 하나님은 이 아이를 7일간 살려두셨다. 그 이유가 뭘까? 그 답을 알 수는 없지만 하나님은 심판과 정의가 있는 곳에 은혜도 함께 두시기 때문이다.

당신은 자신의 삶에서 하나님이 심판하신다고 느낀 적이 있는가? 나쁜 선택을 해서 당신이 사랑하는 사람에게 손해를 끼친 적이 있는가? 죄, 수치, 분노, 비통에 빠지는 것을 어떻게 피할 수 있는가?

이 장의 처음 질문으로 돌아가 보자. 하나님은 당신에게 화를 내고 계시는가? 당신이 저지른 일에 대해 그분이 벌하고 계시는가? 하나님은 당신의 실수 때문에 당신이 사랑하는 사람에게 분노를 쏟아 붓고 계시는가?

하나님의 선하심에 의문을 제기하는 것은 인간의 죄성 때문이다. 에덴동산에서 하와는 대적 마귀가 하나님의 말씀을 왜곡시켰기 때문에 시험에 빠졌다.

"하나님이 정말로 …라고 말씀하셨느냐?"

하나님의 선하심에 의문을 제기하기 시작하면 이러한 생각이 고이고 고여 웅덩이를 만들게 될 것이다.

은혜는 선택이다. 바람을 피우는 사람에게도 사랑을 베푸시는 것이 하나님의 마음이다. 은혜는 우리 내면의 가장 깊은 곳에 깃든 패배의식까지도 치료한다. 삶의 가장 연약한 순간에 하나님의 은혜가 밧세바의 삶에 들어간 것처럼, 그 은혜는 우리의 삶에도 들어온다.

그 결정적인 순간, 밧세바는 하나님과 그분의 진리를 신뢰하며 은혜를 선택할까, 아니면 "왜?"라는 질문을 던지면서 분노 속으로 빠지는 길을 선택할까? 그녀는 이 어렵고 깊은 질문의 한가운데에서 선택을 해야만 했다. 다윗의 회개를 지켜보았기 때문에 비록 의문이 있지만 하나님의 진리를 믿고 은혜를 받아들이며 순종할까?

그것이 어떤 상황이든, 당신에게 증거가 있든 없든, 하나님은 당신이 자신의 이해력보다는 그분을 믿을지 아닐지를 질문하고 계신다. 하나님은 우리의 삶 전체를 더 나아지게 해주신다거나, 왜 그렇게 하셨는지, 또는 어떤 일을 하셨는지 깨닫게 해주신다고 약속하시지 않는다. 그럼에도 불구하고 하나님은 폭풍의 한 가운데서도 은혜를 베푸시는 분이시다.

베드로가 배에서 나와 그분을 향해 물 위를 걸어갈 때 그는 엄청난 믿음을 보여주고 있다. 그러나 파도가 일어나고 예수님을 보지 않고 상황에 관심을 빼앗기면서 베드로는 물속으로 가라앉기 시작했다.

하나님이 밧세바에게 던지는 질문, 예수께서 베드로에게 던지는 질문은 오늘날 나와 당신에게도 던지는 질문이다.

"너는 나를 믿느냐? 은혜에 너의 삶을 맡기겠느냐?"

'다윗이 그의 아내 밧세바를 위로하고 그에게 들어가 그와 동침하였더니 그가 아들을 낳으매 그의 이름을 솔로몬이라 하니라 여호와께서 그를 사랑하사 선지자 나단을 보내 그의 이름을 여디디야라 하시니 이는 여호와께서 사랑하셨기 때문이더라."(삼하 12:24-25)

 두 이야기의 차이는 무엇인가? 첫 만남에서 다윗은 음욕을 품었고 자기가 원하는 대로 취했다. 그러나 이 시점에서 다윗은 그녀를 위로하며 동침한다. 마음의 변화가 있었기에 다른 행동이 가능했다. 이것이 하나님의 은혜이다.
 밧세바는 예수님의 가계의 일부가 되었다. 그녀는 남편이 죽임을 당했고 아들이 죽어 마음이 상했다. 하지만 그녀의 두 번째 아들은 미래의 왕이 될 것이다. 밧세바, 다윗, 솔로몬, 이들은 모두 그리스도의 조상이 되었다. 이들은 모두 하나님의 은혜의 증인이 되었다.

제7장
세상에서 가장 큰 질문에 대답한 한 남자

솔로몬

'솔로몬'이란 이름을 말하면 아마도 당신은 '지혜'를 떠올릴 것이다. '솔로몬'이란 이름은 부와 능력과 화려함의 동의어이다. 그는 고대 세계에서 경이로움 그 자체였던 하나님의 성전을 지었다. 그의 아버지는 전사로 유명했지만 솔로몬은 지혜, 소유, 하나님의 축복으로 유명했다.

솔로몬은 또 중독으로도 유명했다. 그에게는 수많은 아내와 첩이 있었다. 그는 여인과 그 여인의 신들을 사랑했다. 우상승배이다. 이 사람에게는 지혜가 있었고 훌륭한 분별력도 있었다. 두 여자가 동시에 한 아이의 어머니라고 주장하자 솔로몬은 아이를 반으로 쪼개라는 판결을 내렸다. 이 판결에 대한 두 여인의 반응이 그들의 마음속에 감춰져 있던 진실을 드러냈고 솔로몬은 진정한 어머니를 가려내주었다.

이런 지혜에도 불구하고 불행하게도 솔로몬의 마음은 나뉘어져 있었고, 이스라엘 왕국도 그의 죽음 후에 동일한 운명이 되었다. 아버지인 다윗이 죽은 후에 가족들끼리도 왕좌를 차지하려고 서로 싸웠다. 하나님의 풍성한 축복을 받기도 했지만, 마치 다른 사람들의 죄에 대한 벌도 같이 받는다는 착각이 들 정도로 이 가문에는 많은 혼란과 싸움이 있었다.

그러나 솔로몬의 통치 초기를 살펴보면 그가 하나님과 나눈 대화에서 그의 면모를 엿볼 수 있다. 솔로몬이 중독적인 측면이 있었던 것도 사실이지만, 사람의 마음을 꿰뚫는 하나님의 예리한 질문 앞에서 놀랄만한 통찰력으로 하나님의 마음을 읽는 듯한 대답을 한 것도 사실이다.[8]

"당신은 누구인가?"

이렇게 물으면 대부분의 사람들은 쉽게 대답하지 못한다. 너무 어렵기 때문이다. 사람들은 정량화하기 쉽고 자신들의 삶을 더 쉽게 이해할 수 있는 질문에 대답하기를 좋아한다. 가령, 이런 질문이다.

"당신은 어떤 일을 하는가?"

그러면 "나는 회계사이다, 엔지니어이다, 음악가이다, 전업 주부이다, 자동차나 컴퓨터나 보험 세일즈를 한다, 목사이다, 이것은 내가 매일 하는 일이다, 그 일이 바로 나이다." 이런 대답들이 돌아온다.

하지만 아니다. 일이 자기 자신이라고 할 수는 없다. 당신이 하는 일은 당신이 어떤 사람인지를 나타내주지 못한다. 일로 당신을 판단할 수 없다는 것은 구약의 인물들의 삶과 예수의 족보에 나오는 남녀의 삶을 들여다보면 알 수 있다. 당신이 한 일이나 일어난 일, 당신이 가지고 있거나 가지고 있지 못한 어떤 잠재력도 당신 자신이라고 할 수 없다.

당신이 어떤 사람이냐 하는 것은 더 깊은 차원의 질문이다. 그것은 마음의 하층부를 탐색하는 질문이다. 당신은 무엇을 신뢰하는가? 당신의 삶에 의미를 주는 것은 무엇인가? 당신은 무엇에 끌리는가? 왜 그런 방식으로 일을 처리하는가? 당신은 어떤 사람인가?

어쩌면 당신은 자신의 선택과 실패라는 렌즈로 스스로를 보면서 자신을 정의하고 수년간, 심지어는 수십 년간을 살아 왔는지도 모르겠다. 하지만 당신이라는 존재는 어떤 사람인지, 어떤 일을 하는지, 어떤 일들을 해왔는지, 그 모든 성과와 실패들이 복합적으로 얽혀져 형성된 존재이다. 당신은 강바닥의 침전물처럼 현재의 삶에 고착되어 지금의 모습에 만족하게 되었다. 왜냐하면 그것이 바로 현재의 모습이고 또한 앞으로의 모습이기 때문이다. 그러므로 자신의 현재 모습과 싸우지 말라. 그보다는 그 느낌에 익숙해지라. 삶의 한 단면으로는 이러한 질문에 대답하기 어렵기 때문에 당신은 이런 식으로 영적인 삶까지도 평가하는 것이다.

당신은 영적인 사람인가?

"나는 그리스도인입니다. 나는 교회에 나갑니다. 수년간 주일학교에서 가르쳤고 매일 성경을 읽습니다. 선교단체에 기부하고 한 달에 한 번 무료 급식소에서 자원봉사를 합니다. 임신 센터에서 자원 봉사자로 일하면서 선한 삶을 살려고 노력합니다. 매년 죄를 덜 지으려고 노력하며, 선한 일도 더 많이 하려고 합니다. 자주 죄를 짓기는 하지만 그렇다고 누구에게 해를 끼치는 수준은 아닙니다."

하지만 이런 것이 신자로서 당신이 어떤 사람인지를 알려주는 것은 아니다. 이것은 당신이 행한 일과 영적인 행동일 뿐이다. 이것은 신자로서 당신이 어떤 사람인지를 말해주지 않는다. 이것은 당신이 영적으로 한 일과 하고 있는 일을 나타낼 뿐이다. 당신과 하나님의 관계를 양적으로 표현하는 방법은 될 수 있지만 당신이 어떤 사람인지를 나타내지는 못한다.

하나님은 당신이 하나님께 무엇을 드리는지를 보시지 않는다. 틀림없이 당신에게는 이 말이 영적이지 못한 말로 들릴 것이며 동시에 충격적일 것이다. 왜냐하면 많은 사람들이 하나님은 우리가 무엇인가를 당신께 드리기를 바라신다고 믿고 있기 때문이다. 사람은 자신의 기대를 얼마나 만족시켜주느냐로 판단하는 존재이다.

그런데 정말 안타까운 소식이 있다. 하나님은 당신이 드리는 것 이상을 원하신다는 사실이다. 그분은 우리가 완전하기를 원하신다. 그러나 우리는 완전하지 않다. 그런데 여기 정말 복된 소식이 있다. 하나님은 당신이 창조된 바로 그 모습대로 바라보기를 원하신다는 것이다. 창조된 모습 그대로 말이다.

당신은 자신이 '어떤 존재인지'를 제대로 알면 모든 것을 할 수 있다. 하나님은 당신의 삶을 그저 피상적으로 바꾸시거나, 혹은 당신이 '죄 측정계'(sin meter), 혹은 '순종 측정기'(accomplishment bar chart)로 스스로 자신의 삶을 보면서 판단하기를 원치 않으신다. 하나님은 당신 삶의 더 깊은 차원에서 역사하기를 원하신다.

하나님은 그분의 놀라운 은혜를 통해서 역사하신다. 우리가 알아야 할 것은 그분이 바라시는 완전함은 바로 하나님 자신이 주시는 은혜를 통해 이루어진다는 사실이다. 그분의 능력으로 우리를 본향으로 인도하시고, 그분의 마음을 알게 하시며, 당신 자신이 창조된 원래 모습인 참된 자아를 발견하게 하신다. 하나님의 은혜로 인해 우리는 하나님의 완전하심에 맞춰야 하고, 부족한 부분을 보충하고 달성해야 한다는 부담에서 자유로울 수 있게 된다.

에베소서 2:8~9을 보면, 우리는 하나님의 은혜로 말미암아 하나님의 가족이 되었다. 이것은 하나님의 선물이다. 우리가 노력해서 얻은 것이 아니다. 선한 삶은 돈을 주고 살 수 있는 것이 아니다. 선한 삶의 비용은 너무 크고 우리의 능력밖에 있는 것이다. 그런데 그것을 그분이 치러주셨다. 우리는 그분이 우리 자신과 죄에 대해 말씀하신 것을 그저 믿고 예수를 신뢰하기만 하면, 그분께서 은혜로 우리의 내면을 먼저 변화시켜주시고 그 결과로 우리의 삶까지 바꿔주신다.

우리는 '선하고 도덕적인 삶'을 살라고 창조된 것이 아니다. 우리는 하나님께 영광을 돌리고, 우리를 위해 미리 예비하신 선한 일을 하도록 창조되었으며, 그리스도에 의해 구속받았다. 그분이 우리를 특별한 목적을 갖고 창조하고 구속하셨기에, 이 은혜로 가득 찬 삶을 추구할 때까지는 우리의 영혼에게는 자유함과 쉼이 없다. 우리는 반드시 이 삶을 좇아가야 한다. 물론 그러한 삶의 방식이 눈에 보이는 것이라면 좇아가기가 편할 것이다. 당신도 다른 사람들처럼 하나님께 뭔가를 해드림으로 하나님을 기쁘시게 하는 것이 편해 보일 것이다. 왜냐하면 그렇게 살면 일단 기분은 좋아지기 때문이다.

그러니 이 진리를 받아들이라. 하나님은 당신이 태어나기 전부터 당신에 대해 생각하고 계셨고, 당신의 삶에 대해 테이피스트리(tapestry) 직물처럼 촘촘한 계획을 갖고 계셨다. 당신의 현재 모습은 바로 하나님의 놀라운 은혜로 밖에는 설명할 수 없다. 그분의 엄청난 은혜로 당신은 예수님이 행하신 일의 혜택을 누리고 있는 것이다. 그분은 당신 때문에 더할 나위 없이 행복하시다. 하나님은 당신을 예수님 자신의 거룩함으로 옷 입은 완전한 존재로 보신다. 예수님의 계획은 당신이 그분께 잘 보이려고 노력해야 한다거나, 그분이 보시기에 '더 나은' 존재가 되기 위해 노력해야 한다는 것이 아니다. 당신이 그리스도 안에서 누구인지를 아는 것, 이것이 바로 그분의 계획이다. 바로 하나님과 가까워지게 하시려는 계획이다.

이제 당신에게 다시 묻겠다. 당신은 어떤 사람인가? 이 질문은 마음 깊은 곳을 향한 질문이다. 이 질문은 에덴동산에 있는 아담에게 묻는 하나님의 질문이다. 하나님은 정말로 "네가 어디에 있느냐?"고 묻는 것이 아니다. 하나님은 아담이 어디에 있는지를 너무나도 잘 알고 계신다. 그분은 "아담아, 지금 너는 어떤 존재이냐? 너는 우리 관계가 어떻게 되어 버렸는지 알고 있느냐?"고 묻고 계신 것이다. 시각장애인인 바디메오에게 예수님은 "내가 너에게 무엇을 해주길 원하느냐?"고 물으셨다. 다른 말로 하면 너의 마음에 무엇이 있느냐, 네 영혼의 필요를 만족시키고 너의 갈망을 채워줄 가장 깊은 내면의 소망이 무엇이냐는 것이다.

하나님은 당신에게도 매일 동일한 질문을 하고 계신다.

"네 영혼에 가장 필요한 것이 무엇인지 아느냐? 너는 무엇을 가장 갈망하고 있느냐?"

하나님은 사람의 마음을 꿰뚫는 질문을 통해 솔로몬을 시험하셨다. 당신도 알다시피 그는 이스라엘의 위대한 왕이었다. 그는 지금까지 살았던 사람 중에 가장 위대한 사람이라는 말을 듣는 존재였다. 잠언을 읽어보라. 그러면 그가 가졌던 지혜를 보게 될 것이다. 오늘날도 그 지혜의 말씀은 삶의 모든 영역에 잘 적용된다. 그러한 솔로몬이었지만 그에게도 고민해야 답할 수 있는 질문이 있었다. 그는 하나님의 질문에 답해야 했다. 고민스러운 질문이었다.

솔로몬은 다윗과 밧세바의 두 번째 아들이었다. 그의 형은 태어난 지 7일째 죽었다. 그의 어머니와 아버지의 관계는 간음으로 시작되었다. 이것은 다윗이 밧세바의 남편인 우리아를 살해하는 결과를 낳았다. 다윗은 밧세바를 취해 아내로 삼았고 애도 기간이 끝나자 동침하여 솔로몬을 가졌다. 솔로몬은 왕의 가문에서 태어났지만 상당히 역기능적인 가정에서 태어난 것이다. 다윗에게는 많은 아내가 있었다. 그 결과 가족 간의 갈등, 유산을 둘러싼 분쟁, 다윗의 아내였던 여자들 간의 갈등이 많을 수밖에 없었다.

솔로몬은 아버지의 충고를 따르기는 했지만 여전히 산당에서 희생 제사를 드리고 분향했다. 그는 하나님의 전을 건축하기도 전에 자신의 집부터 지었다. 솔로몬은 생애 대부분의 시간을 나뉘어진 마음으로 살았다.

이 모든 것에도 불구하고 하나님은 솔로몬에게 나타나서 "내가 네게 무엇을 줄꼬?"라고 물었다. 또 다른 번역에서는 "내가 너에게 무엇을 주기를 바라느냐?"(왕상 3:5)고 물으신 것으로 되어 있다.

이것은 하나님의 '백지수표'가 아니라 일종의 '성격 테스트'

였다. 하나님은 지니(아랍 신화에 나오는 요정, 특히 병이나 램프 속에 사는 정령 - 역자 주)가 아니다. 오히려 솔로몬의 마음에 있는 것, 그가 진실로 갈망하는 것을 시험하는 하나님이셨다. 그 질문은 솔로몬이 다른 사람과 다르다는 것을 드러내 주는 질문이었다. 솔로몬은 간음자의 아들이요, 하나님의 마음을 좇는 사람의 아들이면서, 동시에 평생 한 마음으로는 살지 못했던 아버지의 아들이기도 했다. 그런 아버지의 아들이었던 솔로몬의 무의식을 깊이 들여다보시면서, 꿈에서 하신 질문이기에 흥미로운 사건이다.

다음 구절에서 솔로몬의 마음을 엿볼 수 있다.

> "솔로몬이 이르되 주의 종 내 아버지 다윗이 성실과 공의와 정직한 마음으로 주와 함께 주 앞에서 행하므로 주께서 그에게 큰 은혜를 베푸셨고 주께서 또 그를 위하여 이 큰 은혜를 항상 주사 오늘과 같이 그의 자리에 앉을 아들을 그에게 주셨나이다 나의 하나님 여호와여 주께서 종으로 종의 아버지 다윗을 대신하여 왕이 되게 하셨사오나 종은 작은 아이라 출입할 줄을 알지 못하고 주께서 택

하신 백성 가운데 있나이다 그들은 큰 백성이라 수효가 많아서 셀 수도 없고 기록할 수도 없사오니 누가 주의 이 많은 백성을 재판할 수 있사오리이까 듣는 마음을 종에게 주사 주의 백성을 재판하여 선악을 분별하게 하옵소서."(왕상 3:6-9)

이런 솔로몬의 대답이 하나님을 기쁘게 했다. 솔로몬은 먼저 자신의 무능을 고백했다. 그는 자신이 이스라엘 백성을 인도할만한 능력이 없다고 인정했다. 자신을 낮추었고 하나님은 그런 솔로몬의 겸손한 마음을 기뻐하셨다. 솔로몬은 하나님이 자신과 어떤 관계를 맺고 싶어 하시는지를 알고 있었기 때문에 합당한 대답을 할 수 있었다. 핵심만 표현하자면 "당신은 하나님이십니다. 저는 도움이 필요하고 하나님께서는 백성이 필요로 하는 것을 성취할 수 있게 해주시는 유일한 존재이십니다."라는 고백이다.

당신이 이러한 태도로 하나님께 나아올 때 하나님은 들으시고 응답하실 것이다. 먼저 도움이 필요하다는 사실을 인정한 다음에 솔로몬은 자신이 필요한 것을 간구한다. 그는 명청한 사람이 아니다. 그는 망설이지 않았다. 당신이 받지 못한 것은 구하지 않았기 때문이다. 솔로몬은 많은 것을 구할 수 있었지만 인간적으로 필요하다고 여겨지는 것은 구하지 않았다. 그는 지혜, 즉 선악을 판단할 수 있는 능력을 구했다.

당신도 이러한 지혜를 구하고 있는가? 당신의 인생에서 지금 가장 필요한 것은 무엇인가? 재정 문제인가? 살고 있는 집의 대출금을 갚을 돈이 필요한가? 어쩌면 은퇴 자금을 위해 기도했을지도 모르겠다. 아니면 가족이나 친구의 구원을 구했는가? 당신 자신이나 당신이 사랑하는 누군가의 치유를 위해 기도했나? 완벽한 배우자를 달라고 기도하는가?

솔로몬은 이 세상의 것을 구할 수도 있었지만 그보다는 자신이 부족함을 인정하고 하나님의 도움을 요청했다. 역기능적 가정, 중독, 수많은 아내와 첩이라는 그 모든 껍데기, 속여서라도 쟁취하려고 하는 그 모든 시도의 너머에는 참된 지혜를 향한 갈망이 있었다. 그러자 하나님은 솔로몬이 원했던 지혜를 주셨을 뿐만 아니라 구하지 않은 다른 것까지 주셨다. 이것이 쏟아 부어주시는 하나님의 은혜의 특징이다. 하나님은 자원하는 심령의 간구에 이렇게 응답해주신다.

"이에 하나님이 그에게 이르시되 네가 이것을 구하도다 자기를 위하여 장수하기를 구하지 아니하며 부도 구하지 아니하며 자기 원수의 생명을 멸하기도 구하지 아니하고 오직 송사를 듣고 분별하는 지혜를 구하였으니 내가 네 말대로 하여 네게 지혜롭고 총명한 마음을 주노니 네 앞에도 너와 같은 자가 없었거니와 네 뒤에도 너와 같은 자가 일어남이 없으리라 내가 또 네가 구하지 아니한 부귀와 영광도 네게 주노니 네 평생에 왕들 중에 너와 같은 자가 없을 것이라 네가 만일 네 아버지 다윗이 행함 같이 내 길로 행하며 내 법도와 명령을 지키면 내가 또 네 날을 길게 하리라."(왕상 3:11-14)

하나님의 은혜는 실제적이다. 하나님은 당신이 일하실 것이라고 말씀하신 대로 행하셨다. 이것은 당신의 삶에서도 마찬가지이다. 당신이 아무리 그분으로부터 멀리 떠났고, 오로지 자신의 소유물이나 건강, 부를 귀중하게 여긴다고 하더라도 하나님은 당신을 진정으로 환영하고 또 어떤 일을 감당할 수 있는 지혜도 미리 주신다. 언제나 이전보다 더 큰 은혜를 베푸시는 분이다.

헌데, 슬프게도 지혜의 사람 솔로몬은 나이가 들자 수백 명의 이방 여인과 결혼해서 이들을 이스라엘 땅으로 데려오는 잘못을 범하고 말았다. 하나님께 불순종하기 시작했고, 마음이 나뉘어지자 그의 자손의 때에 이르러서는 왕국도 분열되었다. 그러나 하나님은 이 사람을 예수님의 조상이 되게 하셨다. 이것이 바로 하나님의 은혜의 계보이다.

당신은 어떤 사람인가? 당신은 하나님께 무엇을 간구하는가? 그분은 지금 은혜를 베푸시고 계신다. 그런데도 당신이 이러한 은혜를 받지 못하게 막고 있는 것은 무엇인가?

여호와는 네게 복을 주시고
너를 지키시기를 원하며
여호와는 그의 얼굴을 네게 비추사
은혜 베푸시기를 원하며
여호와는 그 얼굴을 네게로 향하여 드사
평강 주시기를 원하노라

(민 6:24-26)

제3부
하나님의
은혜
나누기

오, 구원의 계획을 이끈 사랑이여!
오, 그 사랑을 인간에게 내려주시는 그 은혜여!
오, 갈보리에서 펼치신 그 권능의 소용돌이여!

- 윌리암 R. 뉴웰

제8장

마구간으로 오시는 은혜를 하마터면 놓칠 뻔한 사나이

요셉

그는 나사렛의 목수였다. 이스라엘의 시골 동네에 살면서 힘든 작업으로 인해 손도 거칠어지고 손톱도 찢어진 노동자였다. 매일 작업대에서 땀방울을 흘리고 손이 긁히면서 일할 때 종종 로마 군인들의 발자국 소리가 들렸다. 그는 예루살렘으로 가는 여행자들로부터 소식을 들었다. 외국 군대가 주둔하여 그 땅과 백성들을 지배하고 있었다. 종종 그는 약속된 메시아를 생각하기도 했다. 다른 이스라엘 사람

들처럼 하나님의 위로를 갈망했지만 보통 사람이었던 그는 다시 하고 있던 일로 되돌아가고는 했다.

그는 결혼이 하고 싶었고 가정을 꾸리고 싶었다. 열심히 일했기 때문에 아내를 충분히 먹여 살릴 수 있는 능력이 있었고, 하나님이 축복하시면 그가 원하던 아이들도 가질 수 있었다. 그의 집에서 마침내 한 여인을 선택해 주었지만 그 이후에도 그는 최대한 인내하며 기다려야 했다. 그의 젊은 약혼녀 마리아에 대한 평판은 매우 좋았다. 그 역시 의로운 사람이었다. 순결한 남자였다. 완전하지는 않지만 백성의 법과 하나님의 법에 따라 살았다.

그런데 요셉은 어느 날 세상이 무너지는 듯한 소식을 듣는다. 도대체 어떻게 그럴 수가 있을까? 그녀가 어떻게 그에게 이렇게 할 수가 있는가? 마리아가 임신을 하다니! 매우 훌륭한 여자라고 들어서 좋은 신붓감으로 생각했는데 이제 그 꿈이 산산조각 났다.

분노와 회의감으로 그는 완전히 실의에 빠졌다. 마음의 상처 때문에 고통스러웠지만 그런 가운데서도 그는 그녀를 배려했다. 이 불의한 행동 때문에 그녀가 치러야 할 수치와 죄책감이 얼마나 클지 상상이 되었다. 이해와 자비를 베푸는 척하지만 그녀가 그렇게 당하는 모습을 자신이 원하고 있다는 생각도 들었다.

그럼에도 불구하고 그는 그녀를 돌로 쳐서 죽여야 한다고 말하는 사람들의 소리뿐만 아니라, 자신의 불편한 감정까지도 떨쳐낸다. 그리고 그 고통을 감내하려고 한다. 그녀에게 더는 고통과 곤란한 상황이 생기지 않도록 비밀리에 일을 진행시키기로 했다. 그녀는 사실 그러한 대접을 받을 자격이 없었지만 그는 그녀를 존경과 존중으로 대한다.

요셉이 너무 기진맥진하여 침대에 쓰러져 잠이 들자 주의 천사가 그에게 나타났다. 천사는 놀라운 이야기를 전해주었다. 천사는 그에게 두려워하지 말라고 말했다. 마리아를 아내로 데려오기를 두려워하지 말라는 것이었다.

요셉이 잠에서 깨었다. 그 꿈이 사실일까? 마리아는 동정녀로 그녀가 임신한 아기는 하나님과 성령님으로부터 잉태된 것이며 남자아이라고? 그 아이의 이름은 예슈아, 즉 예수님이며, 그분이 그의 백성을 죄로부터 구원하실 것이다? 그렇게 약속된 분이 나의 양아들이 될 것이라고? 하나님이 내게 하

제3부 하나님의 은혜 나누기

나님의 아들을 양육할 수 있는 기회이자 책임을 주시고 있다는 것인가?

과연 이것이 가능한 일인가? 도대체 어떻게 이런 일이 일어날 수 있단 말인가? 과연 요셉은 어떤 반응을 보일까?[9]

당신은 하나님의 은혜를 어떻게 받았는가? 하나님의 은혜는 우편이나 전화 통보로 오는 것이 아니다. 하나님이 당신에게서 밝은 오렌지색 빛이 나거나 후광이 있게 해주시는 것도 아니다. 그러면 당신이 은혜를 받았다는 특별한 증표라도 있는가?

하나님이 우리 삶에 개입하시고 우리 안에 그분의 은혜가 들어오면 묘한 변화가 시작된다. 우선 세상이 다르게 보이기 시작한다. 자유를 남용해서 죄를 짓는 것이 아니라 은혜에 감사하며 살게 된다. 진리가 우리의 삶을 비추기 시작하고 하나님께로 천천히, 끊임없이 나아가고 싶어진다. 그리고 하나님께 가까이 다가가면 다가갈수록 더 많은 변화가 일어나기 시작한다.

은혜를 붙들면 우리는 하나님께 잘 보이려고 하는 노력을 그만 두게 된다. 우리는 자신에게 은혜가 임한 것을 스스로 안다. 그분의 사랑 안에서 쉼을 누릴 수 있고, 쉼을 누리면서 자신에 대해 이전과는 다르게 느끼게 된다. 더는 자기 자신만을 위해 살지 않는다. 자신의 울타리를 벗어나 "다른 사람을 돕기 위해 어떻게 하면 좋을까?"를 묻기 시작한다.

목사이자 작가인 칩 잉그래함은 참된 사랑을 묘사하기 위해 다음과 같은 글을 인용한다.

> "가장 받을 자격이 없을 때, 자기 자신이 가장 큰 대가를 치루면서 다른 사람들에게 가장 필요한 것을 주는 것."[10]

하나님의 놀라운 은혜는 우리에게 진정으로 필요한 것이다. 우리가 가장 받을만한 자격이 없을 때 하나님은 은혜를 주셨다. 우리가 아직 죄인일 때 그리스도가 돌아가신 것이다. 엄청난 개인적 대가를 치루고 주신 것이다. 이 형용할 수 없는 은혜를 우리에게 주시기 위해 그리스도는 자신의 생명으로 값을 치렀다. 죄는 알지도 못했던 분이 죄가 되셔서 우리를 의롭게 해주셨다.

하지만 은혜는 결코 공짜는 아니다. 은혜는 항상 누군가의 대가를 필요로 한다. 이것은 은혜를 받기 위해 자신의 지혜나 능력이나 선함을 신뢰해서는 안 된다는 것을 의미한다. 하나님은 우리를 용납하시고, 사랑하시고, 감싸주시고, 가족으로 받아들여주신다. 당신이 어떤 일을 했기 때문이 아니라, 당신을 향한 그분의 사랑 때문이다. 당신이 은혜를 받으면 하나님께 영광을 돌리게 된다.

그러나 은혜는 거기서 끝나지 않는다. 은혜는 끝이 아니라 시작이다. 은혜는 용서받은 사람의 마음으로부터 퍼져나간다. 은혜가 시작된 것을 볼 수 있는 증표는 하나님이 당신에게 아낌없이 은혜를 주셨듯이 우리도 다른 사람에게 사랑을 주기 시작한다는 것이다.

요셉의 이야기로 돌아가 보자. 요셉은 예수님과 피 한 방울도 섞이지 않았지만 예수님의 육신의 아버지로 선택되었다. 우리는 사실 요셉에 대해 별로 아는 것이 없다. 마태복음에서는 그를 '의인'이라고 평가한다. 마리아가 임신했다는 소식을 들었을 때 그와 마리아는 약혼한 상태였다.

유대 문화에서의 약혼(betrothal)은 다른 문화에서의 약혼

(engagement)과는 사뭇 다르다. 유대 사회에서 약혼은 결혼하겠다고 결정한 두 자녀의 부모가 계약서에 서명하는 것이다. 그리고 계약서에 서명하고 나면 바로 구속력이 생긴다. 결혼식을 치를 때까지 약혼 당사자는 함께 있을 수 없고, 상황에 따라 그 기간은 몇 달 혹은 1년이 되기도 했다. 그런 후에 결혼식을 하고 결혼식을 치른 다음에야 약혼 당사자들은 첫날밤을 가질 수 있었다.

마리아와 요셉은 약혼을 했다. 양가 부모님들이 계약서에 서명을 했다. 약혼 기간 동안에는 이혼할 수 없고 계약 관계에서 벗어날 수 없다. 약혼은 일종의 사회적 계약이었다. 이 기간 동안 양 가는 서로가 이 계약에 만족할 수 있는지 없는지를 검증하게 된다. 또한 정조를 지키며 살았다는 것을 확인하는 일종의 근신 기간이었다.

이러한 배경에서 보면 마리아의 임신 소식을 들은 요셉으로서는 다른 선택의 여지가 없었을 것이다. 그녀가 먼저 계약을 위반했다. 그러나 그가 이후 일을 처리한 방식을 보면 그의 성품을 알 수 있다. 요셉은 그녀에게 공개적으로 수치를 주고 싶지 않았다. 그래서 '가서 조용하게 일을 처리하자'라고 생각했다.

당신은 어떨지 모르겠지만, 만약 내가 요셉의 입장이었다면 나는 그런 반응을 보이지는 않았을 것이다. 서약한 여자가 먼저 불의를 행했기 때문에 그녀가 수치를 당한다 해도 신경 쓰지 않았을 것이다. 왜냐하면 그녀가 먼저 내게 모욕을 주었기 때문이다. 나는 아마도 손가락질을 하면서 돌을 던졌을 것이다. 그러나 요셉은 그렇게 하지 않았다. 생각으로라도 그렇게 하지 않았다. 그는 인간답게 행동하고 싶어 했다.

이 이야기를 보면, 요셉이 마리아를 사랑했다는 것을 알 수 있다. 요셉은 마리아가 자기에게 수치를 주었다고 해서 되갚고 싶어 하지 않았다.

그로부터 많은 시간이 흐른 후 예수님 앞에 벌어졌던 한 사건이 생각난다. 예수님은 자신을 정당화시키기 위해 율법을 잘 지켰던 바리새인들과 종교 지도자들 앞에 서 있었다. 그의 어머니인 마리아가 아버지 요셉에 대해 들려주었던 이야기와 이 사람들의 태도는 너무나도 달랐다. 간음하다 붙잡힌 여인은 이 '의로운' 사람들 앞에서 위축되었다. 그럴 때 예수님은 이 '의로운' 사람들을 몇 마디 말로 쫓아버리고 그녀에게 은혜를 베푸셨다. 그분이 땅의 아버지로부터 이런 사랑의 마음을 배우셨던 것일까?

예수님은 소년 시절 어머니에게 자신의 아버지에 대한 이야기, 즉 조용하게 '이혼하려고' 했던 그 이야기를 다시 말해 달라고 졸랐을까? 이 이야기는 중요한 가족사 가운데 하나였기 때문에 예수님은 아마도 어머니인 마리아로부터 이야기를 들었을 것이다. 이 사건은 그 가족의 앨범 사진 중 한 장이었을 것이다. 요셉은 마리아에게 자신의 힘을 과시하고 싶은 충동에 굴복하지 않았다. 그런 것은 그의 '방식'이 아니었다. 왜 그럴까?

요셉은 손으로 일하는 노동자였다. 힘든 일로 그의 손마디는 굵어졌고 때로는 손톱도 부러졌을 것이다. 피부는 거칠고 오랜 기간의 거친 작업들로 인해 근육은 단련되어 있었을 것이다. 어쩌면 무뚝뚝하고 퉁명스러운 스타일이었을지도 모른다. 하지만 엄청난 실망감에도 불구하고 마리아를 대한 그의 행동을 보면 요셉은 마음이 따뜻하고 사랑이 많은 사람이라는 것을 알 수 있다.

요셉은 마리아에게 본때를 보여주고 자신과 전통을 배신

한 대가로 돌로 쳐 죽일 수도 있었다. 하지만 그는 자신이 그 대가를 대신 감당하는 선택을 했다. 그 마을의 사람들은 그를 보며 입을 비쭉거리고 머리를 흔들었을 것이다. 어떻게 그런 배신을 당하고도 가만히 있을 수가 있어? 하지만 요셉은 마리아에게 수치를 주는 대신 자신이 그 고통을 받았다. 은혜를 베풀었다.

마리아가 요셉에게 이 일을 먼저 설명한 것인지, 또는 그가 먼저 알고 그녀에게 물어보았는지, 혹은 가족 중 누군가가 알게 되어 요셉에게 "요셉, 정말 알려주고 싶지 않지만 방금 들은 소문에 의하면…"이라고 말해주었는지, 본문에는 나타나 있지 않다.

마리아에게 가브리엘 천사가 나타났다. 하나님이 친히 그녀의 태에 내려오신다는 소식은 평생 가장 충격적인 소식이었을 것이다. 따라서 그녀가 요셉에게 이 일에 대해 최소한 설명하고자 하는 노력은 했을 것이라고 보는 것이 타당하다. 마리아는 자신이 임신했다는 소식을 들으면 요셉이 어떻게 나올지 두려웠을까? 요셉은 그녀와 육체적으로 함께 한 적이 없기 때문에 그 아이가 자기 아이가 아니라는 것을 확실히 알고 있었다.

 마리아는 어리석은 행동은 하지 않았다. 그저 당시의 나사렛 여인들처럼 지루하고 궁핍한 일상생활에 충실했다. 하나님의 은혜가 임하자 그녀는 놀라서 어찌할 바를 몰랐다. 하지만 그녀는 기다렸다.

 수백 년간 온 이스라엘은 약속된 분, 이스라엘의 구원자, 메시아, 곧 그리스도를 기다려왔다. 그런데 지금 그분이 오시고 있는 것이다. 너무나 기쁜 소식이어서 믿을 수가 없었다. 마리아는 구속자를 낳을 것이다. 하나님을 잉태한 것이다. 너무도 믿기 어려운 사실이어서 이 일을 자신의 약혼자에게 어떻게 전달해야 할지 난감했다. 과연 그를 믿게 할 수 있을까? 그는 그녀를 믿어줄까?

 이 이야기의 중요한 메시지는 우리가 누군가를 믿게 만들 수는 없다는 것이다. 이것은 하나님만이 하실 수 있는 일이다. 우리는 은혜의 메시지와 우리가 받은 은혜를 성실하게 전달할 수 있을 뿐이다. 나머지는 하나님이 하신다.

 은혜는 믿기 어려운 것이다. 충만한 은혜를 받게 되면 당신의 삶은 뒤집어질 것이다. 당신의 마음에 은혜가 부어지면 마리아와 요셉이 그랬던 것처럼 모든 것이 변화된다. 요셉의 반응을 보면 하나님이 그의 마음에 이미 역사하셨다는 것을 알 수 있다.

당신이 아직 충만한 은혜를 받지 못했다면 다른 사람에게 은혜를 베풀기는 어렵다. 은혜를 경험해본 적이 없다면 사랑을 베풀기도 어렵다. 은혜를 경험해본 적이 없는데 은혜를 베풀려고 하는 것은, 외국어를 접해 본적이 없는데 외국어를 말하려고 하는 것과 같다. 마른 우물에서 물을 끌어올리려고 하는 것과 같다. 불가능한 일이다.

하나님은 요셉이 선한 사람이기 때문에 선택하셨을까? 하나님은 그가 마리아에게 기꺼이 친절과 자비를 베풀 것이라는 사실을 알고 계셨을까? 앞에서 예수의 계보에 속한 사람들의 이야기를 통하여 보았듯이 많은 사람들이 자신의 죄로 인해 고통을 받고 있었다. 요셉도 인간이었기에 문제가 있었다. 우리는 그 문제가 무엇이었는지 모른다. 그는 마리아와 아기에게 해를 끼치려고는 하지 않았지만, 그녀를 끝까지 책임지려고도 하지 않았다. 그는 문제에서 벗어나고 싶어 했다. 아내에게서 떠나려고 했다.

하나님은 우리가 하나님께 무엇을 드리는지를 보시는 게 아니다. 우리는 성도들의 삶에서 이러한 일을 반복해서 볼 수 있다. 하나님은 우리의 연약함과 무능력을 사용하신다. 하나님은 손 마른 자와 맹인을 선택하셔서 당신에게 영광을 돌리게 하신다. 그분은 어린 아이 손에 들린 빵 몇 조각과 물고기 몇 마리를 이용해 잔치를 베풀어 주신다. 돌 항아리에 들은 물을 가지고 가장 맛있는 혼인 잔치 포도주를 만드신다. 무덤 사이 쇠사슬에 묶여 있던 한 사람을 정신이 온전한 복음 전도자로 변화시키신다.

> "형제들아 너희를 부르심을 보라 육체를 따라 지혜로운 자가 많지 아니하며 능한 자가 많지 아니하며 문벌 좋은 자가 많지 아니하도다 그러나 하나님께서 세상의 미련한 것들을 택하사 지혜 있는 자들을 부끄럽게 하려 하시고 세상의 약한 것들을 택하사 강한 것들을 부끄럽게 하려 하시며 하나님께서 세상의 천한 것들과 멸시 받는 것들과 없는 것들을 택하사 있는 것들을 폐하려 하시나니 이는 아무 육체도 하나님 앞에서 자랑하지 못하게 하려 하심이

> 라 너희는 하나님으로부터 나서 그리스도 예수 안에 있고 예수는 하나님으로부터 나와서 우리에게 지혜와 의로움과 거룩함과 구원함이 되셨으니 기록된바 자랑하는 자는 주 안에서 자랑하라 함과 같게 하려 함이라."
>
> (고전 1:26-31)

이것이 요셉에게 일어난 일이다. 세상적 관례를 따르려다가 평화의 왕의 양아버지가 되라는 사명에서 벗어날 뻔했던 것이다. 이 얼마나 끔찍한 실수인가. 성령에 의해 잉태된 신생아와 그 산모를 옆에 서서 지켜보면서 요셉은 이렇게 중얼거렸을 것이다.

"이 장면을 못 볼 뻔했잖아."

동방의 현자들이 만왕의 왕께 선물을 가지고 왔을 때, 목동들이 천사로부터 들은 이야기를 전하면서 마을로 들어왔을 때, 요셉은 자신이 얼마나 위험한 짓을 했는지를 알고 놀랄 수밖에 없었을 것이다. 사실 그는 거의 도망갈 뻔했다.

하나님의 은혜로 성부 하나님의 영광에 이르렀다. 요셉은 마리아에게 약간의 은혜를 베풀었을 뿐이다. 그러나 그 작은 베풂 때문에 하나님은 요셉에게 충만한 은혜의 문을 열었다. 항상 그렇듯이 말이다.

이 이야기에서 우리는 하나님의 놀라운 역사를 볼 수 있다. 마리아에게 하신 말씀을 확인해 주실 뿐만 아니라 그분의 엄청난 역사에 요셉을 참여하게 해주신다.

> "예수 그리스도의 나심은 이러하니라. 그의 어머니 마리아가 요셉과 약혼하고 동거하기 전에 성령으로 잉태된 것이 나타났더니 그의 남편 요셉은 의로운 사람이라 그를 드러내지 아니하고 가만히 끊고자 하여 이 일을 생각할 때에 주의 사자가 현몽하여 이르되 다윗의 자손 요셉아 네 아내 마리아 데려오기를 무서워하지 말라. 그에게 잉태된 자는 성령으로 된 것이라. 아들을 낳으리니 이름을 예수라 하라. 이는 그가 자기 백성을 그들의 죄에서 구원할 자이심이라 하니라. 이 모든 일이 된 것은 주께서 선지자로 하신 말씀을 이루려 하심이니 이르시되 보라 처녀가 잉태하여 아들을 낳을 것이요 그의 이름은 임마누엘이라 하리라 하셨으니 이를 번역한즉 하나님이 우리와 함께 계

시다 함이라. 요셉이 잠에서 깨어 일어나 주의 사자의 분부대로 행하여 그의 아내를 데려왔으나 아들을 낳기까지 동침하지 아니하더니 낳으매 이름을 예수라 하니라."

(마 1:18-25)

은혜는 느낌이 아니라 행동이다. 은혜는 감정이 아니라 결단이다. 선택이다. 은혜는 용서로 포장된 사랑의 제비뽑기에서 뽑은 하나의 제비(lot) 같은 것이다. 은혜는 다른 사람의 잘못으로 생긴 고통을 받아들이고 계속 사랑하는 것이다.

은혜는 불명확하고 모호한 개념이 아니다. 비록 그것을 보거나 만지거나 현미경으로 볼 수는 없지만 그 효력은 영원하다. 은혜는 모든 것을 변화시킨다. 은혜를 만나면 어떤 것도 변하지 않고는 견딜 수가 없다.

은혜를 베풀기 위해서는 당신이 먼저 은혜를 받아야 한다. 은혜를 받기 위해서는 은혜를 절대적으로 사모해야 한다. 공로 없이 주시는 하나님의 은혜가 없다면 우리는 희망이 없는 존재이다. 은혜가 있는 곳에는 오직 희망과 사랑만이 있다.

은혜의 목표는 우리의 기분을 그저 좀 더 좋아지게 만들려는 것이 아니다. 그것은 우리가 예수를 좀 더 닮아가고 육신을 입으신 그분의 은혜를 닮아가게 하는 것이다. 예수를 안다는 것은 은혜를 아는 것이다. 예수를 따르는 삶은 은혜를 경험하는 삶이다. 예수를 사랑하는 삶은 바로 은혜를 베푸는 삶이다.

제9장
육신을 입고 온 '은혜'
예수님

아브라함 이전에, 아담 이전에, 세상이 창조되기도 전에, 시간이 시작되기도 전에, 그분이 계셨다. 사실 그분은 시간 그 자체를 창조하셨다. 세상의 창조 이전에 이미 갖고 있던 하나님의 완벽한 계획이 그분의 말씀을 통해 실행되었다.

그분이 말씀하시자 모든 것이 생겨났다. 빛이 나타났고, 물과 땅도 생겼다. 그리고 그 하늘을 새들이 날아다니고 땅 위를 동물들이 기어 다녔다. 그분은 말씀으로 세상을 창조하셨다. 그런 분이 육신을 입고 세상에 내려왔다. 탄생의 울음소리가 베들레헴 밤의 정적을 깨뜨렸다. 만물의 창조주가 처녀의 자궁을 빌어 내려오신 것이다. 모든 역사의 가장 창의적인 입안자가 성령으로 잉태되셨다.

은혜와 진리로 충만한 그분은 그 자신이 은혜와 진리이셨다. 은혜가 육신을 입으셨다. 그분의 상처와 채찍 자국과 피 때문에 그분의 가계에 있는 모든 사람들과 깨어진 마음을 가진 사람들의 영혼이 고침을 받았다.

그분은 하나님의 아들이자 마리아의 아들이기도 했다. 완벽한 신성을 가지고 있지만 동시에 완벽한 인성을 지닌 존재였다. 그분이 말씀하시자 죽은 자가 살아났다. 그분이 만지자 맹인이 눈을 떴다. 나병에 걸린 피부가 아기 피부처럼 깨끗하게 변했다. 기능을 잃고 무기력하게 몸에 붙어 있던 다리가 이전의 힘과 능력을 완전히 회복했다.

그분이 일으킨 기적은 단순히 눈으로 볼 수 있는 것만은 아니었다. 그분은 자신을 따르는 사람들의 마음에 내적인 변화를 일으키셨다. 타인을 용서하지 않는 마음은 죄와 교만이 지배하는 마음이다. 이 용서하지 못하는 마음이 하나님의 거룩하심을 수혈 받아 새로워졌다. 죄를 모르던 존재가 죄가 되심으로 인해 우리가 그분의 의와 의로운 생명을 얻게 되었다.

예수님이 오시기 전에 하나님이 부르신 모든 예언자와 조상들은 그분이 오시기를 고대했다. 그리고 모든 신자들도 그분을 열망해왔다. 그러나 이제는 더 기다릴 필요가 없게 되었다. 구속자가 오셨다. 약속된 메시아, 하나님 그 자신이 우리 가운데 거하셨고, 오늘도 당신과 함께 계신다. 이것이 바로 놀랍고 믿을 수 없는 은혜이다.[11]

성경에서 배워 알고 있듯이, 은혜는 우리 안에서, 우리를 통해 역사하신다. 그리고 하나님은 오늘 당신에게도 동일한 역사를 베풀길 원하신다. 그분의 사랑과 엄청난 자비를 경험하고 그 사랑과 자비를 다른 사람에게도 베풀길 원하신다. 그리고 궁극적으로는 이 우주의 유일한 존재자이자 그 영광을 받기에 합당하신 그분에게 모든 영광을 돌리기를 원하신다. 이것이 바로 하나님의 영광인 은혜이다.

은혜는 당신의 피조물을 구속하며, 거역하는 사람들을 되돌아오게 하고, 영혼의 적을 무너뜨리는 하나님의 독창적인 계획이었다.

이것은 본래 우리의 생각이 아니었다. 은혜는 당신과 내가 만들어 낼 수 있는 것이 아니다. 우리는 그저 은혜가 필요한 존재일 뿐이다. 우리는 자신의 선함에 뿌리를 두는 존재이며, 하나님께서 행하신 일이 아니라 우리가 행한 일에 가치를 두는 성향이 있다. 우리는 우리의 선함을 계산해서 다른 사람과 비교하고 목록으로 만들어서 자신이 좋은 평판을 얻으려고 한다.

하지만 이것은 흉내만 내는 값싼 모조품이며 '가짜 은혜'이다. 가짜 은혜는 하나님을 기쁘게 만들려고 팔을 걷어 부친 채 무거운 짐을 들어 올리거나, 하나님의 은혜 클럽에 가입하려고 스스로 돈을 벌려고 한다.

가짜 은혜는 우리가 만든 것이기에 잘못된 것이다. 그것은 영적인 지식이 만들어 낸 것으로 깔끔한 상자에 맞춰 자신의 삶을 집어넣으려고 하는 시도이다. 가짜 은혜는 내가 선한 일을 하면 하나님이 보상을 해주신다고 믿는다. 내가 나쁜 일을 하면 하나님이 화를 내신다고 생각한다. 그래서 자신은 선한 일을 하는 동안만 행복할 수 있다고 믿는다.

그런데 문제는 이것이다. 당신의 삶에 고난이 찾아와 하나님이 자신에게 영원히 분노하고 계신다고 느낄 때, 그런 때에는 어떻게 할 것인가? 당신이 은혜를 정의하는 방식은 당신이 어떻게, 그리고 왜 그렇게 일하는지에 대해 지대한 영향을 끼칠 것이다. 당신이 하나님으로부터 무엇인가를 얻기 위해 하나님을 기쁘게 하는 것이라면 당신은 어느 순간 실망하게 될 것이다. 왜냐하면 당신이 하나님을 자기 마음대로 할 수 있을 때만 크고 거룩하신 분으로 인정할 것이기 때문이다.

하나님은 우리를 기분 좋게 해주려고 존재하는 분이 아니다. 하나님은 우리에게 어떤 행복이나 목적이나 의미를 주시려고 은혜를 주시는 것이 아니다. 그것이 아니다. 우리가 온전히 은혜를 받아들여 은혜 자체가 우리 삶에서 역동적으로 역사하기 시작할 때, 그때 비로소 목적과 의미가 생긴다. 요한복음 1장은 이렇게 말한다.

"태초에 말씀이 계시니라. 이 말씀이 하나님과 함께 계셨으니 이 말씀은 곧 하나님이시니라. 그가 태초에 하나님과 함께 계셨고 만물이 그로 말미암아 지은 바 되었으니 지은 것이 하나도 그가 없이는 된 것이 없느니라. 그 안에 생명이 있었으니 이 생명은 사람들의 빛이라…말씀이 육신이 되어 우리 가운데 거하시매…"(요 1:1-14)

예수님이 '말씀'이시다. 예수님은 하나님과 우리 사이의 소통(communication)을 위해 오셨다. 그분은 인간의 몸을 입고 하나님의 본체를 드러내 주셨다. 예수님은 완벽한 하나님이신 동시에 완벽한 사람이라고 할 수 있다. 이성적으로 다 이해할 수는 없지만 말씀이 육신을 입기 전에, 세상이 창조되기도 전에, 성부, 성자, 성령 하나님의 회의에서 우리를 위한 구속의 방법으로 은혜를 선택하셨다. 요한계시록 13장 8절은 이 결정에 대해 언급하고 있다.

어린양은 세상의 창조 이전에 죽임을 당했다.(KJV : 한글 개역성경에는 '죽임을 당한 어린양'이라고 번역되어 있다. -역자 주) 당신에게 영광을 돌릴 수 있도록 만들기 위한 하나님의 완전한 계획은 바로 은혜인 것이다. 그분은 유혹이 들어와서 아담이 죄를 짓기도 전에 믿는 모든 사람을 위해 당신이 대신 벌을 받으려고 결심하신 것이다.

예수님은 육신을 입은 하나님의 말씀이지만 동시에 육신을 입은 하나님의 은혜이기도 하다. 하나님은 기꺼이 그분이 매를 맞고 상처를 입어 목숨까지도 십자가에서 쏟아 붓게 하셨다. 하나님이 가학적이고 잔인하신 것이 아니라 오직 사랑 때문에 그렇게 하신 것이다.

선지자의 예언이 침묵을 지키고 수백 년 동안 하나님이 잠잠한 것처럼 보이던 그때, 은혜가 하늘에서 내려와 구유로 찾아오셨다. 은혜가 누더기를 입으셨다. 하나님이 침묵하던 암흑의 시간이 아기 울음소리로 마침내 깨졌다. 하나님의 음성은 천둥소리 같은 것으로 나타나지 않고 아기의 성대를 울리는 울음소리로 나타났다.

은혜는 맨발로 아장아장 걸어서 아버지가 대패질 하는 것을 구경했다. 그 나무는 미래의 어느 날 자신이 매달릴 것과 같은 나무였다. 은혜는 장사를 배웠다. 성전에 올라갔을 때는 뒤에 홀로 남아 선생들의 말을 듣기도 하고 대화하는 것을 보기도 했는데, 선생들은 그의 질문과 지혜에 놀랐다. 은혜는 키가 자랄 때가 되자 물에서 세례도 받았다.

제자들이 선택받은 것은 그들이 하나님의 나라를 위해 드린 것 때문이 아니었다. 주님은 오히려 하나님 나라를 주시기 위해 제자들을 선택하셨다. 이것이 바로 은혜이다. 제자들이 상처 입고 궁핍한 세상에 나가 세상을 뒤집어 놓을 수 있었던 것도 바로 은혜의 능력 때문이었다.

은혜는 아이에게 받은 단지 몇 개의 떡과 생선을 가지고 수천 명을 위한 잔치를 베풀었다. 은혜가 말씀하시자 항아리의 물이 최상품 포도주로 변했다. 은혜가 오시자 우리는 풍성한 삶을 살 수 있게 되었다. 은혜를 받은 사람은 모두 사명감을 가지고 모든 족속과 민족에게 베푸는 삶을 살게 되는 것이다.

은혜는 누워 있는 중풍병자를 고치고, 천정에서 들 것으로 달아 내린 친구들의 기도에 응답해주셨다. 은혜는 어린아이들을 쫓아내지 않고 가까이 오게 하셨다. 왜냐하면 하나님의 나라는 작은 자를 환대하는 것과 같은 일이라는 것을 우리가 믿을 때 역사하기 때문이다.

은혜는 비록 죄는 범했지만 한 인간으로서 그 여인의 존엄성을 회복시켜주셨다. 그리고 죄를 거부하는 삶을 살라고 하시면서 그분에 대해 다른 사람들에게 말하라고 보내셨다. 은혜는 스스로 의롭다고 여기는 종교 지도자들과 맞섰다. 우리의 영혼에 고통을 주고 피폐하게 만드는 군대 마귀와 싸웠다. 은혜는 폭풍을 잔잔케 하실 뿐 아니라, 폭풍에 명하시니 바람과 파도까지도 순종했다.

은혜는 중생하기를 원해 밤에 찾아왔으나 중생이 무엇인지조차 모르던 한 사람에게 가르침을 주셨다. 은혜는 친구의 무덤에서 우시면서 그를 살리셨다. 육신을 입은 말씀은 모든 발걸음마다, 모든 대화마다, 모든 치유마다, 은혜를 베푸는 사명을 다하셨다. 은혜는 대적의 유혹에 빠져 자신의 사명을 포기하거나, 혹은 실수를 범한 친구 때문에 자신의 사명을 포기하지 않으셨다.

은혜는 흔들림이 없었다. 율법의 요구를 이루려는 결심을 하고, 예루살렘에서의 죽음을 향해 중단 없이 걸어간다. 동산으로 예수님을 몰고 간 것도 하나님의 놀라운 은혜였다. 은혜는 피땀을 흘리며 간구와 기도를 통해 자신을 내려놓고 하나님께 항복했다.

  은혜는 체포되었다.
  은혜는 투옥되었다.
  은혜는 채찍을 맞고 침 뱉음을 당했다.
  은혜는 찢기고 피 흘리고 매를 맞았다.
  은혜는 가시 면류관을 머리에 쓰셨다.
  은혜는 불의한 재판관 앞에서 매를 맞고 끌려갔다.
  은혜는 옷이 벗겨지고 심판을 받았다.

  회의론자들은 하나님이 왜 이런 고통을 허락했느냐고 묻는다.
  "하나님은 왜 죄를 허락하십니까?"
  그러나 이것은 중요한 질문이 아니다. 이 시대의 질문은 이것이다.
  "하나님은 왜 하나님의 거룩하고 의로운 말씀이 고통을 당하고 죽게 하셨을까요? 하나님은 왜 그런 일을 당할 이유가 없으신 분을 끔찍한 죽음을 당하도록 계획하셨을까요?"

그것은 우리에게 생명을 주시기 위한 계획이었다. 이 계획은 은혜가 십자가에 매달림으로써 완성되었다. 이 계획은 감추어져 있었고 도저히 믿기 어려울 만큼 놀라운 계획이었다. 십자가의 죽음은 바로 우리의 죄의 대가이며, 그 죄가 가져온 파멸의 결과였으며, 우리의 수치와 죽음에 대한 대가였다.

> "하나님이 세상을 이처럼 사랑하사 독생자를 주셨으니 이는 그를 믿는 자마다 멸망하지 않고 영생을 얻게 하려 하심이라. 하나님이 그 아들을 세상에 보내신 것은 세상을 심판하려 하심이 아니요 그로 말미암아 세상이 구원을 받게 하려 하심이라. 그를 믿는 자는 심판을 받지 아니하는 것이요 믿지 아니하는 자는 하나님의 독생자의 이름을 믿지 아니하므로 벌써 심판을 받은 것이니라."(요 3:16-18)

은혜는 십자가를 지고 골고다(해골)까지 걸어가셨다. 은혜는 군인들의 못까지도 기꺼이 받아들였다. 은혜는 어떤 지도자나, 인간의 정부나, 종교적인 분파 때문이 아니라, 하나님이 주신 것이기에 기꺼이 궁극적인 형벌을 받아들이셨다. 하나님은 십자가에 자신의 진노를 쏟아내셨고, 예수님은 바로 당신과 나를 위해 그 쓴 잔을 마셨다.

예수님은 불완전함, 순수하지 못함, 죄된 생각이나 행동을 알지 못하는 분이셨다. 그분은 자신의 이익을 위해 살지 않았다. 죄가 없는 완전한 분이 우리를 위해 스스로 죄가 되셨다. 그래서 우리는 하나님이 보시기에 의로운 자가 될 수 있었다.

고통스럽게 숨 쉬며 힘겹게 호흡하는 은혜를 생각해보라. 깊은 상처로 피 흘리고 있는 은혜, 심판을 경험하며 아버지께 부르짖고 있는 은혜, 분노의 구름에 쌓여 머리를 들고 "내가 목마르다."고 말씀하시는 은혜….

마지막 죽음의 순간, 그 격렬한 고통 속에서도 은혜가 베풀어진다.

> "이에 예수께서 이르시되 아버지 저들을 사하여 주옵소서 자기들이 하는 것을 알지 못함이니이다 하시더라."(눅 24:34)

은혜의 성육신인 예수, 메시야, 왕의 왕께서는 자신을 낮추셨고 십자가에서 죽으시기 위해 자신을 비우셨다. 은혜는 종이 되셨다. 은혜는 사랑으로만 자신을 채우사 제물이 되셨다.

하나님의 은혜는 아브라함과 다말과 요셉과 라합과 다윗과 밧세바와 솔로몬과 이제까지 존재했던 모든 인류에게 흘러갔고, 하나님의 은혜가 침투한 곳에서는 용서와 역사가 일어났다. 은혜는 하나님과의 관계로 가는 유일한 길이다. 우리의 구속을 위한 그분의 계획이었다. 다른 길을 선택하거나 첨가하는 것은 하나님의 완벽한 희생을 망치는 행위이다.

은혜를 받는다는 것은 자신의 힘으로 하나님을 기쁘게 하려고 하거나 거룩한 삶을 살려고 하는 것이 아니다. 그것은 예수의 거룩한 생명이 우리 안에서, 우리를 통해 역사하는 것이다. 그것은 소유하는 삶이 아니라 열린 가슴으로 은혜가 필요한 사람들에게 베푸는 삶이다.

우리가 은혜를 받고 은혜 안에서 살면 우리는 화해하며 용서받은 마음으로 나눠주는 삶을 살게 된다. 은혜의 매개체가 되어 다른 사람들을 우리가 받은 은혜 속으로 초대하게 된다. 우리는 이 엄청나고 놀라운 연민에 중독된 '은혜의 대사들'이다. 하나님은 우리를 하늘의 대사가 되게 하기 위해 은혜를 베풀어 주신 것이다. 우리는 하나님의 대사로서 이 세상이 창조되기 전부터 갖고 있던 하나님의 계획에 참여하게 되는 것이다.

> "이러므로 하나님이 그를 지극히 높여 모든 이름 위에 뛰어난 이름을 주사 하늘에 있는 자들과 땅에 있는 자들과 땅 아래에 있는 자들로 모든 무릎을 예수의 이름에 꿇게 하시고 모든 입으로 예수 그리스도를 주라 시인하여 하나님 아버지께 영광을 돌리게 하셨느니라."(빌 2:9-11)

당신이 이 은혜를 받아 그 빛 가운데서 살면서 다른 사람들에게도 은혜를 베풀기 시작하면 그것은 성부 하나님께 영광을 돌리는 것이다. 그렇다면 이 모든 것이 사실이고, 이 엄청난 사랑이 우리를 풍요롭게 만든다면, 예수님의 제자들인 우리는 종종 왜 그러한 삶을 살지 못하는 것일까? 우리는 왜 판단하고 분노하며 복수하고 다른 사람의 잘못을 일일이 계산하며 용서하지 못하는 것일까? 우리는 왜 예수님을 닮지 못하는 것일까? 스스로 깊이 생각해봐야 할 문제이다.

은혜를 받으면 우리는 은혜를 베푸는 삶을 살게 된다. 우리의 죄가 큰데도 그 죄를 용서받았을 때 우리는 우리에게 잘못한 사람들을 용서해주고 싶어진다. '죄 있는' 여인이 눈물로 그분의 발을 적시고 기름으로 닦았을 때 예수님은 "사함을 받은 일이 적은 자는 적게 사랑하느니라"고 시몬에게 말씀하셨다.

우리는 예수님의 제자임에도 불구하고 '죄인들'처럼 화를 내고 격분하기 쉽다. 우리가 이렇게 하는 이유는 자신이 얼마나 큰 용서를 받았는지 모르기 때문이다. 우리는 한 트럭 분량이 되는 우리의 잘못을 제대로 보지 못한다. 우리가 얼마나 절박한 상태인지, 얼마나 은혜를 필요로 하는 존재인지를 잊어버린다. 드러내놓고 표현하지는 않지만, 그저 약간 더러울 뿐이라고만 생각한다. 조금 문제가 있긴 하지만, 약간의 용서와 한 방울의 피로 충분하다고 생각한다.

그러면서 진짜 죄인은 따로 있다고 생각한다. 가령, 살인자, 간음한 사람, 우상 숭배자 등과 같은 사람들은 한 대야 정도의 피는 있어야 그 죄를 씻을 수 있다고 생각한다. 그러나 이것은 잘못된 생각이다. 우리는 예수님 당시의 종교 지도자들처럼 자신이 얼마나 영적으로 빈곤한 상태에 있는지를 모르고 있는 것이다.

진리는 우리를 은혜로 인도한다. 은혜를 받고 자신이 무력한 존재이며 선한 존재가 아니라는 것을 자각하면, 우리는 우리 자신과 다른 사람들을 새로운 각도에서 보게 된다. 우리의 죄 사함은 전적으로 십자가의 희생 때문이다. 이 희생은 결코 무효가 될 수 없다. 이 희생은 하나님이 친히 십자가에서 돌아가심으로 이루어진 것이다. 이것이 우리가 믿는 복음의 진리이다. 그러므로 우리는 용서받을 수 있다. 우리는 그분의 완전한 희생 때문에 하나님과 바른 관계에 있을 수 있다. 용서받았기에 용서하는 삶을 살아갈 수 있다.

죄인들로 가득 차 있고, 믿는 자와 불신자들이 섞여 사는 세상에서 살다보면 우리의 생각이 진리에서 떠나 있기 쉽다. 우리의 생각은 한 쪽으로 치우치게 된다. 무조건 포용하자고 주장하는 맹목적 사랑파와 철저히 정죄만 주장하는 극단적 진리파로 나누어진다. 은혜와 진리 사이에는 항상 긴장이 있다.

우리가 이 둘 사이에서 균형을 잡지 못하면 주위 사람들을 판단만 하게 된다. 이런 행위는 혹 자신을 기분 좋게 만들 수 있을지는 모르지만, 그런 사람의 사랑은 전혀 영향력이 없는 감정적인 사랑에 그치고 말 것이다.

생각해보라. 나단 선지자는 다윗에게 어린 암양을 빼앗은 부자의 이야기를 통해 비유적으로 말했다. 이 비유의 특징은 진리를 은혜로 포장했다는 것이다. 더 나아가 다윗의 감정의 뇌관을 건드렸다. 단순히 자신이 죄인이라는 말을 들을 때보다 훨씬 더 깊은 곳의 마음을 흔들었다. 이것이 바로 좋은 이야기가 갖고 있는 힘이다. 우리가 죄인이라는 진리를 은혜가 감싸고 있기 때문에 우리는 이 이야기에서 하나님의 강력한 사랑을 보게 된다.

은혜는 행동하는 사랑이다. 죄 없는 삶을 사신 예수님이 당신과 나를 대신해 죽으신 것처럼 하나님의 은혜가 예수님 안에서 육신을 입은 것이다. 예수님은 스스로에 대해서는 죽은 자로 여기고 그리스도의 사랑을 절박하게 필요로 하는 세상으로 나가라고 부르신다. 하나님의 놀라운 은혜는 행동으로 실천하는 사랑이었기에 우리도 다른 사람에게 그런 사랑을 베풀 수 있게 된다.

또한 은혜는 과정이다. 우리가 매일 얼마나 은혜를 필요로 하는지, 다른 사람들에게도 얼마나 필요한 것인지를 새롭게 깨닫는 것이다. 그래서 은혜는 서두르지 않는 것이다. 서두르거나 괴롭힌다고 되는 것이 아니다. 그저 그 안에서 쉬기만 하면 된다. 우리가 은혜 안에서 쉴 때 하나님의 평안이 우리의 삶을 통해 흘러간다.

영원 이전부터 시작된 이 계획에 하나님이 기꺼이 투자하신 시간의 양을 생각해보라. 당신도 이처럼 당신 안에서 은혜가 역사하게 할 준비가 되었는가? 당신은 당신이 사랑하는 사람들의 삶에 이러한 은혜가 역사할 수 있도록 기꺼이 투자하겠는가? 하지만 당신이 주변 사람들을 억지로 바꾸려 한다면 이것은 은혜가 아니다. 고통을 기꺼이 받아들이는 것이 바로 은혜이다.

나는 얼마 전 루이지애나 주에 있는 한 교도소를 방문했다. 그 교도소는 미국 전체 주 교도소 중에서도 가장 험악한 교도소로 유명하다. 거기에 투옥된 사람들은 무기수들이다. 크리스천 교도소장이 부임해 예수 그리스도를 전하기 전까지는 다른 어떤 교도소보다 더 많은 살인자들과 성폭행 죄수들이 있었다. 하지만 그 사람들은 한 명씩, 한 명씩 예수 그리스도의 제자가 되기 시작했다.

내가 방문했을 때 전체 5천 명의 수감자 가운데 이미 절반이 신자가 되어 있었다. 레이저 철책선 안에는 네 개의 교회가 세워져 있었다. 수감자들이 지은 예배당이었다. 네 개 교회의 목회자들은 재소자들이었다. 교회에서 반주를 하고 찬양을 인도하는 사람도 모두 재소자들이었다. 이들은 예수님의 복음을 나누는 그 공동체를 섬기기 위해 애를 썼다. 매 주일마다 예배당은 사람들로 꽉 찼다.

뉴올랜드 신학교는 거기서 목회자가 되고 싶거나 하나님과 동행하는 법을 배우고 싶어 하는 사람들을 위해 신학과정을 개설했다. 나는 '이 얼마나 놀라운 하나님의 은혜의 열매인가?'하고 생각했다.

당신이 만약 무기징역을 언도받고 교도소에 간다면 당신은 이제 모든 것이 끝났다고 생각할 것이다. 그러나 이 사람들은 그렇게 하지 않았다. 진리를 깨닫고 용서를 받아들이자 하나님의 은혜가 들어와서 이들을 바꾸기 시작했다. 이들은 은혜의 빛 아래에서 살기 시작했다. 이들은 다른 사람들에게 베푸는 삶을 살기 시작했다. 자신들의 삶을 예수님께 드렸고, 이제는 이 5천 명이나 되는 공동체에 화해의 메시지를 전파하고 있다.

이들은 결코 교도소에서 나가지 못할 것이다. 종신형이기 때문이다. 하나님은 우리가 지은 행위의 결과에 대해 빼주실 것이라고 약속하신 적이 없다. 대신 그분은 우리를 용서하시고 완전함으로 입혀주신다고 약속하셨다. 그들 때문에 사람들이 기독교로 개종하고 있었다. 나 같은 사람들이 그곳에서 일어난 하나님의 은혜의 이야기를 밖으로 가져가서 전하고 있다. 과거에 당신이 한 일이 무엇이든, 과거에 어떤 일이 있었든, 하나님의 용서를 이길 수 있는 것은 없다고 말해준다. 하나님의 은혜보다 더 강한 것은 없다고 말이다. 하나님은 계획을 갖고 계시며, 당신이 어디에 있든, 당신이 어떤 사람이든 상관하지 않고 당신을 사용하시길 원하신다.

그들은 평생 교도소에 있어야 한다. 그러나 예수 그리스도가 그들에게 풍성한 삶을 주셨다. 이것이 바로 하나님의 놀라운 은혜이다.

당신은 은혜가 당신의 삶에서 만드는 변화를 보았다. 당신은 그 은혜를 받았는가? 하지만 이것은 시작일 뿐이다. 예수아, 즉 우리가 예수라고 부르는 분의 이름은 "여호와는 구원하실 것이다"라는 의미이다.

은혜를 받는 것은 교회에 가야 한다거나, 선한 일을 해야 한다는 뜻이 아니다. 당신의 부모가 기독교인이기 때문에 받을 수 있는 것도 아니다. 그것은 당신의 선택에 달려있다. 하나님이 이미 이루어놓으셨다. 그분이 당신의 빚을 갚아주셨다. 그분의 은혜가 당신을 부르고 있다. 그분은 예수 그리스도의 완벽한 희생 때문에 기꺼이 당신을 용서하신다.

그러니 그분께 부르짖으라. 당신의 죄를 그분께 자백하라. 그분께 당신 자신에 대한 진리를 믿는다고 고백하라. 그분의 호의를 돈으로 살 수는 없다. 믿음으로 그분이 주시는 은혜의 선물을 그저 받기만 하면 된다.

"비록 죄를 지었지만 그리스도께서 저 대신 죄 값을 치러주신 데 감사드립니다. 당신의 가족이 되고 싶습니다. 용서받고 싶습니다. 당신과 함께 하는 삶을 살고 싶습니다."

이것이 바로 시작이다. 아직 이러한 고백을 하지 못했다면 이제 하나님을 부르라. 그러면 그분께서 응답해 주실 것이다.

두 번째는 당신이 그리스도 안에서 신자이고 그분을 따르고 있다면, 하나님이 당신에 대해 말씀하신 내용을 믿는가? 과거의 잘못 때문에 그분의 충만한 사랑을 받을 자격이 없다고 스스로 생각하는가? 하지만 당신이 이미 앞에 나왔던 사람들보다 더 악한 사람은 아닐 것이다. 그들은 큰 죄인이었지만 하나님은 은혜로 그들을 가족으로 삼아주셨고 그분의 사랑을 알려주셨다. 당신은 이것을 믿는가? 그렇다면 오늘부터 그 진리의 빛 가운데에서 살라.

세 번째는 자신에 대한 도전이다. 사탄에게 속아서 살아온 과거 때문에 하나님을 따르는데 어려움이 있는가? 그것은 사탄의 전술 가운데 하나이다. 사탄은 "하나님은 너를 결코 사용하실 수 없어. 네가 한 일을 봐."라는 말로 정죄한다. 그는 고소하는 자이다. 그는 당신이 죄의식 가운데 살아가기를 바란다.

그러니 그 목소리를 듣지 말라. 하나님께 자신의 죄를 고백하고 돌아오기만 하면 하나님은 용서하시고 당신의 죄를 보지 않으신다. 당신의 죄를 이미 용서하셨기 때문에 당신을 깨끗하다고 여기신다. 사탄의 정죄를 허용하지 말라. 하나님의 말씀을 믿으라.

마지막으로, 하나님의 은혜를 받았다면 이제는 은혜를 베푸는 삶을 살아야 하지 않겠는가? 사람들이 당신이 베푼 은혜나 용서 때문에 당신을 칭찬하고 있는가? 주변 사람들은 당신이 사랑을 베푸는 사람이라고 느끼는가, 아니면 정죄하는 사람이라고 느끼는가? 당신을 분노가 많고 잔인한 사람으로 묘사하는가? 은혜를 베푸는 삶을 살려고 한다면 먼저 하나님의 진리로 자신을 씻으라.

나는 이 책에서는 당신이 그리스도 안에서 받은 것, 즉 그분으로부터 받은 의로움을 상기시켜 드리고자 했다. 또한 당신이 행했거나 행할 일 때문에 사랑받는 것이 아니라는 점도 밝혀주었다. 그렇다고 바로 뛰어나가 행동으로 옮기려고 하지 말고 먼저 당신이 은혜를 베풀 사람들의 목록을 작성해보라. 너무 서두를 필요가 없다. 먼저 하나님이 당신에게 보여

주신 사랑을 받아들이고, 그 용서와 자비를 주신 하나님을 찬양하고, 그분의 오래 참으심에 대해 감사를 드리라. 당신이 진정으로 이 놀라운 하나님의 은혜를 받아들이고, 그 은혜가 당신을 감쌀 때, 다른 사람들은 당신의 태도와 행동에서 변화를 느끼게 될 것이다.

기도

아브라함과 이삭과 야곱의 하나님!
오, 모든 위로와 지혜와 자비의 하나님이시여, 내 마음에
풍성히 부어주신 은혜를 지금 받아들일 수 있게 하소서.
그리스도 안에서 제게 맡기신 놀라운 사랑을
새롭게 하여 주소서. 당신의 거룩하심을 보면서,
깊고 깊은 나의 죄악을 보고 회개하게 하소서.
아브라함처럼 당신의 부르심을 듣고
믿을 수 있게 도와주소서.

내 마음의 벽과 자만심의 벽과 자기만족의 벽을
무너뜨려주시고, 주님께서 나의 가장 깊은 곳을
채워주심을 경험하게 하소서.
고난 중에서 가르쳐 주시고, 진리를 회피하고
통제하려는 마음으로부터 구원하여 주소서.
당신이 찾으시는 다윗과 같이
상하고 통회하는 마음을 갖게 하소서.

여호와여, 과거에 어떤 일을 했든 저를 용서하시고
회복시키신다는 사실을 믿습니다.
지혜를 주사 앞으로 나아가게 하시고
가까이 따르게 하소서.
나의 과거를 당신의 눈으로 보게 도와주소서.
모든 기회, 모든 관계, 모든 결정을
최대한 잘 선용할 수 있게 도와주소서.
은혜가 주시는 어떤 유익도 놓치고 싶지 않습니다.

저를 도우사 당신의 사랑을 받아들이고 그 사랑과
용서와 수용의 빛 가운데 살아가게 하여 주소서.
그 사랑이 절박하게 필요한 사람들에게 사랑을
실천하는 삶을 살아가게 하여 주소서.
오, 하나님! 저를 위해서, 당신의 나라와 영광을 위해서,
아들이신 예수님을 더욱 닮아가게 하소서.
주님의 은혜에 감사드립니다.
예수님의 이름으로 기도합니다. 아멘.

제1장

은혜의 부르심에 귀 기울이는 사람 | 아브람

:: **생각해 볼 문제**

아브람에게 하셨던 것처럼 하나님이 당신에게 말씀해 주신다면 어떤 말을 듣고 싶은가? 어떤 질문을 하고 싶은가?

:: **창세기 11:26~12:9을 읽으라.**

하나님이 말씀하지 않은 상태에서 당신이 아브람만큼의 정보만 가지고 있었다면 당신은 하나님의 인도하심에 순종했을까?

이것을 당신의 삶에 어떻게 적용할 수 있을까? 하나님이 당신에게 무엇을 행하기를 원하시는지를 아는 것보다 그 말씀에 순종하기가 더 어렵다는 것을 깨닫는데 시간이 얼마나 걸렸는가?

창세기 12:1~3에서 하나님은 아브람에게 무엇을 약속해주셨는가?

창세기 12:9을 보면 아브람이 단계별로 네게브로 이동했다고 되어 있다. 이 말씀을 오늘날 당신의 삶의 여정에 어떻게 적용할 수 있을까?

다시 앞의 생각해 볼 문제로 돌아가 보라. 아브람의 반응과 하나님의 약속을 보고 나서 당신의 생각은 바뀌었는가? 바뀌었다면 어떻게 바뀌었는가?

아브람의 삶은 현대를 살고 있는 우리의 모습과 비슷하다. 그는 하나님의 부르심을 들었다. 하나님을 믿었다. 순종으로 부르심에 반응했고 그 부르심에 행동으로 응답했다.

당신은 하나님의 은혜의 부르심을 들었을 때 응답했는가?

제2장

웃게 하시는 은혜를 받은 사람 아브라함

:: 생각해 볼 문제

무엇인가를 처음부터 다시 시작해야 하는 경험을 해 본 적이 있는가? 그때 당신이 느꼈던 의문점과 감정을 설명해보라.

우리는 창세기 18장 말씀을 통해 하나님이 아브라함을 마므레 상수리 나무 옆에서 만나 주셨다는 것을 알고 있다. 하나님이 상수리나무 옆에서 그를 만나신 게 어떤 의미를 갖고 있다고 생각하는가?
성경에는 다른 '나무들'도 많이 나오는데 굳이 이 나무에 의미가 있다고 생각하는 이유는 무엇인가?

아브라함의 두려움은 이집트인들로 인해 촉발되었다. 그럼 당신에게 있어 두려움을 불러일으키게 만드는 버튼은 무엇이며, 그것은 어떤 때 눌러지는가?

아브라함에게 "두려워하지 말라"고 말씀하시는 하나님을 보면 왜 위로가 되는가? 당신도 하나님이 은혜로 당신의 가장 깊은 필요에 대해 말씀해주시길 원하는가?

자신의 상황을 통제해보려고 시도한 적이 있는가?
자신의 계획표에 따라 하나님을 조종하려고 해 본 적이 있는가?
하나님의 은혜가 역사하지 못하도록 막아 본 적이 있는가?

두려워하면 더 어려워진다. 은혜를 따라가면 축복이 온다.
두려움에는 고통과 상처가 뒤따른다. 은혜는 우리를 웃게 만든다.

:: 요한복음 8:31~59을 읽어보라.

사람들은 예수님과 대화하면서 아브라함을 등장시킨다. 이때 예수님은 자신에 대한 진리를 나타내기 위해 아브라함의 생애를 어떻게 사용하셨는가? 예수님은 아브라함과 자신을 어떻게 비교하셨는가?

이 사건을 표면적으로 보면 논쟁이 가열되고 있는 것으로만 보이지만, 그럼에도 불구하고 예수님은 자신을 믿지 않는 이 사람들을 어떻게 사랑하고 계신가?(그들과 전혀 상대하지 않으실 수도 있었다.)

자신이 가진 두려움과 자신에게 내재된 두려움이 당신을 어떻게 '통제'했는지를 생각해보라. 하나님께 자신의 두려움을 고백하고 그분이 자신의 삶을 다스리도록 내어드리라.

제3장

수치스런 길, 기생에게서 배우는 교훈 라합

:: 생각해 볼 문제

라합과 같은 심정을 가지게 하는 어떤 '과거'를 갖고 있는가?
과거에 한 일 가운데 하나님이 당신은 사랑받을 자격이 없다고 말씀하실 것 같은 일을 한 적이 있는가?

:: 여호수아 2장을 읽어보라.

자신이 여리고 성 안에 있다고 상상해보라.
당신의 마음은 어떤 상태일 것 같고, 왜 그럴 것 같은가?

라합이 가졌던 두려움과 아브라함이 가졌던 두려움을 비교해보라.
두 사람은 자신의 두려움에 어떻게 반응했는가?

라합은 도덕적이지 못한 삶을 살았다. 그런데도 하나님이 그녀를 살려주셨다는 사실이 충격적인가? 충격적이라면 왜 그렇고, 그렇지 않다면 왜 그렇지 않은가?

당신 주변에도 결코 하나님의 은혜를 받을 만한 자격이 없다고 생각되는 라합 같은 인물이 있는가?
그 사람에게 이 이야기의 교훈을 이용하여 어떻게 하면 하나님의 사랑을 효과적으로 전달할 수 있겠는가?

라합의 가장 깊은 필요는 무엇이었으며 하나님은 어떻게 그 필요를 채워주셨는가?

라합 주위의 사람들은 어떻게 그녀가 받은 은혜에 영향을 받았는가?

오늘날 우리는 왜 라합의 이야기를 기억해야 하는가?

여리고 성벽이 무너진 것을 보면서 깨닫게 되는 사실은 우리 마음의 성벽도 무너질 수 있고, 실제로 무너진다는 것이다. 하나님의 은혜가 있으면 우리는 쉽게 용서함을 받고 정결하게 될 수 있다.
당신도 이러한 삶을 체험해 보았는가? 놀라운 은혜에 감사하는 시간을 가지라.

제4장

속임수를 써서 은혜를 쟁취한 여인 다말

:: **생각해 볼 문제**

'복수'는 영화와 소설의 단골 주제이다. 당신은 복수라는 감정과 씨름해 본 적이 있는가? 최근에 누군가에게 복수하고 싶다고 느껴본 적이 있는가? 하나님이 변화시키기에는 너무 늦어버린 사람들도 존재할까?

:: **창세기 38:6-30을 읽으라.**

하나님이 자신의 첫째, 둘째 남편을 데려가셨을 때 다말은 어떤 마음이었을까?

당신이 이 영향력 있는 집안과 중매 결혼해서 시집 온 그녀의 입장에 있다고 생각해보라. 어떤 기분일까?

오난이 죽고 애도 기간에 다말의 마음이 어떠했을 것이라고 생각하는가?

약속하고 지키지 못한 적이 있는가?
그 일은 당신과 약속한 상대방에게 어떤 영향을 주었나?

다말이 임신한 것이 드러났을 때 유다는 벌을 주려고 한다.
그러나 다말은 잔꾀로 처벌에서 벗어난다. 창세기 38:26에서 유다가
인정하는 모습을 보면서 우리가 얻을 수 있는 교훈은 무엇인가?

다말의 가장 깊은 갈망은 무엇이었나?

당신의 가장 깊은 갈망은 무엇인가? 하나님이 그곳에서 당신을 만나
시길 원한다는 사실에 대해 어떻게 생각하는가?

제5장

은혜의 적용, 시편 51편 다윗

:: **생각해 볼 문제**

당신은 존경받는 신자의 타락 때문에 놀란 경험이 있는가? 그 사건은 그 사람과의 관계나 하나님에 대한 당신의 생각에 어떤 영향을 주었나?

:: **사무엘하 11장을 읽어보라.**

다윗이 밧세바와 저지른 음행의 밑바닥에 놓여있는 죄를 찾아보라. 다윗이 이 일을 어떻게 덮으려고 했는지 설명해보라.

다윗이 나단을 방문한 이야기를 읽어보라. 하나님은 나단을 왜 다윗에게 보내셨다고 생각하는가? 하나님이 다윗을 징계하기 위해 사용하신 이야기와 그 이야기를 사용하신 이유 세 가지를 들어보라.

당신은 관습을 깨뜨리는 죄를 범한 적이 있는가?

시편 51편을 읽으라. 다윗이 그저 회개한 것이 아니라 '충만한 회개'를 했다고 말할 수 있는 이유는 무엇인가?

당신은 다윗이 하나님의 용서를 체험했다고 생각하는가?
그렇다면 왜 그렇게 생각하는지, 아니라면 왜 그렇게 생각하지 않는지 설명해보라.

다윗의 이야기는 실패에서 끝이 나지 않는다. 그는 인생의 실패자가 아니다. 비록 엄청난 대가를 치렀지만 하나님은 다윗을 용서하시고 사랑과 자비를 베풀어주신다. 당신은 이러한 슬픔과 자비를 경험해 본 적이 있는가?

제6장

욕망을 벗어나 은혜에 압도당한 여인 밧세바

:: **생각해 볼 문제**

하나님이 자신을 벌하고 계신다고 느끼게 할 만한 일을 저지르거나 불순종한 적이 있는가? 현대인의 성적 타락과 밧세바의 이야기에는 어떤 유사점이 있는가?

:: **사무엘하 12:15~24을 읽어보라.**

아이의 죽음은 마음을 갈기갈기 찢어놓고 관계를 깨뜨릴 수 있다. 자신의 아이를 잃게 되는 이 이야기에서 우리는 다윗의 관점만을 보게 된다. 밧세바는 어떤 생각을 했을 것이라고 생각되는가?

밧세바와의 첫 번째 만남과 이 시점에서 일어난 일들을 비교해 보라.

'은혜가 곧 기회'라고 한다면 다윗과 밧세바의 이야기에서 그 진리는 어떻게 나타나고 있는가?

자신에게 여전히 분노하고 계신다고 느낀다면 당신은 과연 은혜를 받아들인 것일까?

당신이 하나님과의 관계에서 더 높은 단계로 넘어가고 자비를 받을 수 있게 해주는 방법 몇 가지만 적어보라.

제7장

세상에서 가장 큰 질문에 대답한 한 남자 솔로몬

:: 생각해 볼 문제

다음 질문을 읽었을 때 가장 먼저 든 생각은 무엇인가? 하나님이 "내게 받고 싶은 것은 무엇이든지 구하라"고 말씀하신다면 당신은 어떤 반응을 보일까?

:: 열왕기상 3:5~9을 읽어보라.

하나님의 질문에 대한 솔로몬의 답변을 분석해 보라. 솔로몬은 어떤 고백을 하고 무엇을 간구하는가?

열왕기상 3:10~15에서 하나님은 솔로몬에게 어떻게 응답하시는가?

하나님은 솔로몬에게 왜 그토록 관대하셨다고 생각하는가?

당신은 하나님이 자신에게 관대하시다고 생각하는가, 아니면 다른 사람들에게만 축복을 베푸신다고 생각하는가?

솔로몬의 삶 전체를 바라보면 그는 수많은 실수를 저질렀다. 자신의 아버지처럼 그의 마음도 미혹되었다. 그럼에도 불구하고 하나님은 은혜를 베푸셨다.
당신은 '열려 있는 은혜'에 대해 어떻게 생각하는가?

시간이 흐름에 따라 하나님은 당신의 갈망을 어떻게 바꾸어 주셨는가? 이에 대한 당신의 답과 앞의 첫 번째 질문의 답과 비교해보라.

제8장

마구간으로 오시는 은혜를 하마터면 놓칠 뻔한 사나이 요셉

:: 생각해 볼 문제

당신은 정말 좋은 것을 거의 놓칠 뻔한 결정이나 선택을 한 적이 있는가?

:: 마태복음 1:18~25을 읽어보라.

요셉은 이 상황에서 무엇을 할지 결정했다. 하나님은 그의 마음을 변화시키기 위해 이 놀라운 일을 왜 행하셨다고 생각하는가?

마리아를 향한 요셉의 행동이 예수님께 어떤 영향을 주었다고 생각하는가? 소년 예수가 나중에 이 이야기를 들었을 때 그것은 어떤 영향을 주었을 것이라고 생각하는가?

요셉은 하나님께 어떻게 반응했는가? 요셉이 한 행동과 앞에서 우리가 본 다른 사람들의 반응 사이에 어떤 연관성이 있는가?

"은혜는 다른 사람의 믿음에 확신을 더해 주기 위한 것이 아니다."
당신은 이 말에 동의하는가? 이 말은 영적인 문제로 다른 사람들과 소통하는 방식에 어떤 영향을 주는가?

은혜가 당신의 삶에 들어왔다는 가장 명백한 증거는 당신이 다른 사람들에게 은혜를 베풀려고 하는 데서 나타난다. 당신은 당신 안에서 역사하는 은혜를 경험했는가?

당신은 어떤 사람을 참아주고 기다려준 적이 있는가? 비판하기 전에 그들이 가한 고통을 감내해야했던 경험은 어떤 느낌을 주었는가?

예수님이 이 땅에 오신 은혜라고 생각한다면 하나님은 얼마나 당신을 통해 이 은혜이신 예수님을 나누고 싶어 하실까?

제9장

육신을 입고 온 '은혜' 예수님

:: **생각해 볼 문제**

세상 사람들이 얼마나 은혜를 베푸는가 하는 것으로 모든 기독교인들을 판단한다면, 그들은 어떤 평가를 내릴까? 긍정적인 것과 부정적인 것 두 가지 예를 들어보라.

요한복음 1장에서 우리는 예수님이 육신을 입었다는 것을 읽었다. 예수님은 가난한 세상에 자신을 완벽하게 주셨다. 그분이 '육신을 입은 은혜'였다는 사실이 당신에게는 어떤 의미가 있는가?

∷ 요한복음 3:1~21을 읽어보라.

하나님의 은혜라는 주제에 초점을 맞춰 읽어 보라.

이 구절에 나타난 하나님의 놀라운 은혜에 대해 상세히 설명해보라.

기독교인들이 다른 사람에게 거의 은혜를 베풀지 않고 산다는 것에 대해 당신은 어떻게 생각하는가?

p.190-193에 있는 마지막 기도를 직접 해보라.
이 기도에 우리가 공부한 성품이 반영되어 있다고 보는가?

당신은 이 기도 내용에 무엇을 추가하고 싶은가?

오늘 당신에게 가장 의미가 있다고 생각되는 부분을 강조하면서 마음으로부터 그 기도를 천천히 따라 해보라.

참고

1. 아브람의 생애와 관련해 이 부분을 읽어보라. 창세기 11:26~12:9
2. 이 장에서 아브라함의 이야기는 창세기 12:10~20, 15~16장, 18:1~15에 나온다.
3. 라합의 이야기는 여호수아 2장, 6장을 읽어보라.
4. 『맥베스』, 필립 웰러, 셰익스피어 네비게이터 출판사, 5.1.50-52, www.shakespeare-navigators.com/macbeth/T51.html.
5. 다말의 이야기는 창세기 38장에 나온다.
6. 다윗의 죄와 회개의 이야기는 사무엘하 11:1-12:15, 시 51편을 보라.
7. 밧세바에 대한 더 자세한 이야기는 사무엘하 12:15-25에 나온다.
8. 하나님께 지혜를 구하는 솔로몬의 이야기는 열왕기상 3:1-15에 나온다.
9. 요셉의 삶과 예수의 출생에 관한 더 자세한 이야기는 마태복음 1:18-25을 보라.
10. 칩 잉그래함의 『Living on the Edge : 참고 및 묵상들』, 『진정한 공동체를 경험하는 방법』, r12online.livingontheedge.org/pdf/r12_session4.pdf.
11. 예수님을 보낸 하나님의 목적에 대해 더 자세히 읽기를 원하면 요한복음 1:1-18, 3:1-21을 읽으라.